LOS LASSEN

Wie Sie sich Schritt für Schritt
von altem Ballast befreien können,
sich selbst neu entdecken und wieder
Freiheit, Freude und Erfüllung in Ihrem Leben finden

von

Thomas Findorff

ISBN 9798394576157

Inhalt

Vorwort

Es gibt das leichte Leben. Ich bin überzeugt davon, dass jeder Mensch das Potential in sich trägt, sich zu erleichtern und ein freies, erfülltes Leben zu führen.

Vielleicht interessieren Sie sich für das Loslassen, vielleicht haben Sie dieses Buch geschenkt bekommen oder es ist einfach ein Zufall, dass Sie es jetzt in den Händen halten und diese Worte lesen. Sehen Sie es als Zeichen an. Das Universum, das Schicksal oder an was auch immer Sie glauben mögen, hat dieses Buch zu Ihnen gebracht. Und bevor Sie es direkt wieder weglegen, weil vielleicht Angst oder andere unangenehme Gefühle aufkommen oder Sie denken, dass das Loslassen doch schon in so vielen Büchern, Zeitschriftenartikeln und Podcasts besprochen wurde, so geben Sie diesem Ratgeber eine Chance.

Es geht in diesem Buch nicht darum, was Sie alles tun müssen. Dieser Ratgeber schreibt Ihnen nicht vor, wie das Loslassen genau funktioniert oder was Loslassen eigentlich ist. Und ich kann Ihnen versichern, dass nicht eine einzige Pflichtaufgabe in dem Buch zu finden ist, noch weniger eine strenge Diät, mit der Sie sich selbst quälen sollen. Der Ratgeber ist ein Angebot, ein bunter Blumenstrauß mit Wissen, Anregungen und Ideen zur persönlichen Entwicklung.

Stellen Sie sich einen Luftballon vor, der mit Gas gefüllt ist. Solange der Ballast, der an ihm hängt, zu schwer ist, bleibt der Luftballon am Boden. Das ist die Situation der meisten Menschen in unserer Gesellschaft.

Indem man sich stets an anderen Menschen, den Strukturen oder den allgemeinen Lebensweisen orientiert, ist man gefangen und erschwert. Es lastet viel Druck auf einem, viele Menschen spüren das sogar im Körper durch Schulter- und Nackenverspannungen oder Spannungskopfschmerzen.

Ein Luftballon, der am Boden gehalten wird, ist zwar in der Lage, sich seitlich hin und her zu bewegen, vielleicht sogar durch einen Windstoß nach unten und wieder nach oben zu schweben. Das ist ein Mensch auch, mal verändert man sich leicht in eine Richtung, dann wieder in eine andere, häufig orientiert er sich dabei an dem Umfeld. Aber man ist nie vollkommen frei und kann sich nicht entfalten. Eine solche Entfaltung wird erst möglich, wenn der Luftballon all seinen Ballast loslässt, sich losreißt. Erst dann kann er aufsteigen, am Himmel tanzen, mit dem Wind fliegen, in jede Windrichtung gleiten, höher und tiefer steigen. Alles scheinbar nach seinem eigenen Ermessen, aber doch immer in Kontakt und Harmonie mit der Umwelt und dem Wind, im Fluss mit dem Leben.

Eine solche Freiheit und Entfaltungsmöglichkeit, ein Leben im Einklang mit den Kräften des Kosmos und mit sich selbst, ganz nach seinen eigenen Maßstäben, ist auch für jeden Menschen möglich.

Mein Name ist Thomas Findorff. Neben meiner Schriftstellertätigkeit arbeite ich seit mehreren Jahren als Berater und kenne mittlerweile die Sorgen, Nöte und Ängste unterschiedlichster Menschen aus verschiedensten Kulturen ziemlich gut. Mit diesem Buch möchte ich Sie stark machen, Sie befähigen, wieder an sich zu glauben, auf sich selbst zu vertrauen. Ich möchte Ihnen zeigen, was alles in Ihnen steckt, und dass Sie, wenn Sie mutig sind, unglaublich viel erreichen können. Und Ihnen beweisen, dass Loslassen und ein leichtes Leben führen auch für Sie möglich sein kann!

Ich bin mir sicher, dass dies funktioniert. Denn wenn man all seinen Mut zusammennimmt und sich auf den Weg in Richtung der Freiheit macht, kommen bereits bei den ersten Schritten positive Überraschungen, die einen darin bestärken, weiterzugehen und an die eigene Kraft und Stärke zu glauben.

Die tief in allen Menschen existierende Wahrheit, die durch Erfahrungen, Erlebnisse und das Leben meist überdeckt wird, ist, dass jeder Mensch einzigartig ist. Genießen und leben Sie Ihre Einzigartigkeit und feiern Sie die Einzigartigkeit von jedem Menschen (und auch anderen Lebewesen), den Sie kennen und in der Zukunft kennenlernen.

Lösen Sie sich von der objektiven, verallgemeinerten, festgelegten Sichtweise der Gesellschaft auf den Menschen und werden Sie ein Botschafter für die Individualität!

Und nun kommen Sie mit auf die interessante Reise des Loslassens. Ich wünsche ich Ihnen eine spannende Lektüre!

Einführung

In erster Linie soll dieser Ratgeber dazu dienen, Ihnen ein Nachschlagewerk zu werden. Er soll Sie dazu befähigen, sich selbst zu reflektieren, sich im Loslassen zu üben und das eigene Wachstum oder die persönliche Weiterentwicklung anzustoßen.

Gleichzeitig besteht die Hoffnung, dass das Buch nicht einmal von vorne nach hinten durchgelesen wird und dann für immer im Regal verschwindet. Beim erstmaligen Lesen ist es durchaus sinnvoll, den Ratgeber vollständig und in der durchdachten Reihenfolge durchzuarbeiten. Anschließend können Sie das Buch als einen ständigen Begleiter sehen und es als Helfer nutzen. Schlagen Sie es immer wieder auf und lesen Sie verschiedenste Passagen nach. Lassen Sie sich von dem Buch an etwas erinnern, was vielleicht in den Hintergrund gerückt ist. Sehen Sie dieses Buch als einen engen Freund an, der Sie immer unterstützt und behandeln Sie es entsprechend.

Zu Beginn dieses Ratgebers steht die kognitive Auseinandersetzung mit der theoretischen Grundlage vom Loslassen im Fokus. Auch wenn es zunächst zäh erscheint, Sie vielleicht keine Lust haben und das Gefühl besteht, dass Sie das nicht verstehen können oder aber Sie eigentlich hochmotiviert sind, direkt mit den Übungen durchzustarten, und sich deswegen diesen Ratgeber gekauft haben: Es ist wichtig, dass Sie verstehen lernen, was Loslassen bedeutet, was Sie loslassen können, wie das menschliche Gehirn in Bezug auf das Loslassen funktioniert und was vielleicht auch an Schwierigkeiten auf Sie zukommen kann.

Wenn Sie das verstanden haben, können Sie sich bewusst im Loslassen üben.

Bitte beachten Sie folgendes: wenn Sie wissen oder spüren, dass Sie ein tiefes Trauma erlebt haben, dann holen Sie sich bitte psychologische oder psychotherapeutische Hilfe. Der Inhalt dieses Buches wurde sorgfältig recherchiert, stützt sich auf fundierte Quellen und als Ratgeber kann es Ihnen Tipps und Strategien sowie Hintergrundwissen bieten. Es ersetzt aber keine professionelle Hilfe.

Was ist Loslassen?

Loslassen beginnt damit, dass Sie anerkennen, was ist. Dazu gehört zum einen, die Situation, wie sie ist, hinzunehmen. Zum anderen zählt dazu aber auch, die eigenen Möglichkeiten zu sehen. Diese Entscheidung, das was ist, als gegeben zu sehen und die eigenen Möglichkeiten auszuloten, kann in jedem Moment neu getroffen werden. Stellen Sie sich in jeder Situation die Frage, welche anderen Möglichkeiten Sie hätten – wie Sie alternativ darauf reagieren oder handeln könnten.

Dazu gehört auch, die eigenen Gedanken, Annahmen und Bewertungen, die automatisch bei jedem Menschen (außer Sie sind bereits sehr geübt in Selbstreflexion und Achtsamkeit) auf eine Begebenheit folgen, zu hinterfragen. Stellen Sie sich regelmäßig die Frage, ob Ihre Annahme oder Ihr Gedanke wirklich wahr ist, und widerlegen Sie diese.

Ein sehr alltägliches Beispiel dafür könnte folgende Situation sein: Sie wollen mit einer bekannten Person ins Kino gehen und haben sich für 18 Uhr verabredet. Sie warten am verabredeten Ort, und inzwischen ist es schon 10 Minuten nach der vereinbarten Zeit. Sie denken sich «War ja klar. Er/Sie kann einfach keine Termine einhalten und ist nie pünktlich!»

Spätestens an diesem Punkt sollten Sie mit den Gedanken stoppen und diese hinterfragen. Ist es wirklich so, dass er/sie *nie* pünktlich ist? Können Sie das überhaupt beurteilen (wissen Sie wirklich, wie es im beruflichen Alltag etc. bei diesem Menschen ist)? Und noch weiter: Steht es Ihnen überhaupt zu, es zu beurteilen? Wenn Sie spüren, dass der aufgekommene Gedanke mit den Antworten auf diese Fragen eigentlich widerlegt werden kann, so ist es eine weitere Möglichkeit, nachzuspüren, warum Ihnen dieser Gedanke gekommen ist. Welches Gefühl wird bei Ihnen ausgelöst, wenn Sie allgemein auf jemanden oder auf konkret diese Person warten müssen? Möglicherweise spüren Sie Ärger in sich oder fühlen sich zurückgewiesen, wenn Sie auf einen anderen Menschen warten müssen.

Vielleicht kommen Sie am Ende zu dem Ergebnis, dass Sie zum einen nicht wissen, ob er/sie tatsächlich immer zu spät kommt, Ihnen dieser Gedanke also nicht zusteht. Und dass Sie mit ihm/ihr noch nie über Ihre eigenen Gefühle (Ärger, Angst vor Alleinbleiben etc.) gesprochen haben. Sollten diese Gedanken kommen, könnten Sie in einem offenen und ehrlichen Dialog ohne Vorwürfe darüber sprechen – vielleicht lösen sich dann schon einige Fragen, Gedanken und Annahmen automatisch auf.

Solche Situationen kommen im Alltag ständig vor. Achten Sie einmal bewusst darauf, was Sie in welchen Situationen denken und versuchen Sie, die eigenen Annahmen und Gedanken zu hinterfragen.

Es wird allgegenwärtig, auch in der Psychologie, angenommen, dass das, was man über eine Situation denkt, bestimmt, was man fühlt. Wenn Sie also bei der Einladung Ihrer Tante zum Kaffeekränzchen bereits daran denken, dass es vermutlich öde, langweilig und zäh wird, weil außer Ihnen nur lauter alte Menschen eingeladen sind, wird diese «Voraussage» wahrscheinlich so eintreffen. Sie erleben einen langweiligen Nachmittag, der sich wie Kaugummi zieht, kaum vergeht und Sie ermüdet. Würden Sie sich stattdessen darauf freuen, Geschichten von früher zu hören oder den leckeren selbstgebackenen Kuchen Ihrer Tante zu genießen, werden die Chancen größer, dass Sie einen erfrischenden, wohltuenden Nachmittag erleben.

Wenn man dieser Einsicht folgt, wird jeder Mensch selbst für seine Gefühle verantwortlich. Sie können dann Ihre schlechte Laune nicht mehr auf Ihren Partner oder Ihre Partnerin, Ihre Kinder oder Ihre Nachbarn schieben. Durch ein Hinterfragen Ihrer (aktuellen) Gedanken, Annahmen und Bewertungen können Sie Alternativen entwickeln und somit eine positive Auswirkung auf Ihre Gefühlswelt erleben.

In der Entwicklungspsychologie wird davon ausgegangen, dass das erste Lebensjahr eines Menschen die Bindungsfähigkeit entscheidend prägt. Da ein Säugling seine Grundbedürfnisse noch nicht selbst stillen kann, ist es notwendig, dass die

Bezugspersonen dieses für das Baby übernehmen. Durch das Erfüllen der grundlegenden Bedürfnisse (sowohl physischer Art wie Hunger, Durst, Hygiene, Schutz vor Kälte und Wärme als auch psychische Bedürfnisse nach Bindung, Autonomie oder Interaktion) lernt das Baby, in seine Bezugspersonen zu vertrauen. Auf dieser Grundlage beginnt das Kind dann, sobald es krabbeln und laufen kann, die Welt zu erkunden. Es vertraut dabei darauf, dass eine seiner Bezugspersonen immer da ist, auch wenn die Kinder diese in der weiteren Entwicklung nicht immer sehen kann. Kinder lernen das Loslassen also bereits in den ersten Lebensjahren, sowohl von Menschen als auch von Gegenständen oder Situationen. Das Kind lernt, verbunden mit dem Loslassen, zu vertrauen.

Beobachtet man Kinder beim Spielen, kann man feststellen, dass sie sich voller Begeisterung, Freude und Hingabe einer Situation, einem Spiel oder einem bestimmten Thema widmen und sich stunden- oder tagelang nur damit beschäftigen können. Ist das Spiel für sie dann nicht mehr von Bedeutung, können sie es von jetzt auf gleich beenden und das Thema wechseln. Zumeist sind es dann die Erwachsenen, die diesen Wandel nicht nachvollziehen können und sich und das Kind immer wieder durch verschiedene Aussagen und Handlungen wie etwa «Aber du hast doch gestern so gerne mit der Eisenbahn gespielt!» in die Vergangenheit zurückbefördern möchten.

Auch Sie können Loslassen. Wenn Sie das Gefühl haben, dass Sie an vielem festhalten und aus diesem Grund den Ratgeber lesen, gewisse Dinge können (und müssen) Sie regelmäßig loslassen. Das geschieht meist ganz ohne Ihre Aufmerksamkeit, beispielsweise wenn sie atmen. Sie können Ihren Atem durchaus für einige Sekunden festhalten, wenn Sie geübt sind, vielleicht auch für wenige Minuten, wie es Apnoe-Taucher schaffen. Aber Sie können ihn nicht für immer festhalten. Denn dann würden Sie ersticken. Fokussieren Sie sich auf Ihre Atmung und machen Sie sich dieses ständige Loslassen bewusst. Seien Sie einmal stolz auf sich, denn Sie können loslassen und machen es täglich unzählige Male.

Diese Erkenntnis, dass festhalten (fast) tödlich werden kann und nichts für ewig ist, können Sie auch auf anderes, beispielsweise auf Gegenstände, Menschen, Beziehungen oder Gedanken übertragen. Denn auch diese sind nicht dafür gemacht, ewig festgehalten zu werden.

Bedeutung von Loslassen

Das Wort „Loslassen" wird heutzutage beinahe inflationär genutzt, ohne die eigentliche Bedeutung des Begriffs zu hinterfragen.

Der Duden gibt unter anderem folgende Möglichkeiten an: „nicht mehr festhalten" sowie „freilassen". Eine spezifischere Definition, zum Beispiel im Hinblick auf die psychologische Bedeutung, ist nicht zu finden.

Diese allgemeinen Bedeutungen können übertragen werden, denn auch im psychologischen Kontext bedeutet Loslassen die Ablösung von etwas, das da ist, wie beispielsweise einem Gegenstand, einem Gefühl oder einer Situation.

Loslassen bedeutet also, sich von dem zu lösen, an dem man festhält. Unerlässlich ist als Voraussetzung daher, dass man sich mit sich selbst auseinandersetzt beziehungsweise beschäftigt und herausfindet, an was man eigentlich festhält. Dabei sollte man beobachten, welche der festgehaltenen Objekte, Gedanken etc. welche Gefühle in einem auslösen. Wenn Sie spüren, dass etwas Stress in Ihnen verursacht, sollten Sie sich davon lösen, Wie Sie noch lesen werden, ist Stress ein Indikator dafür, dass man loslassen sollte.

Zusammenfassend lässt sich sagen, dass Loslassen voraussetzt, Vertrauen zu haben. Ohne Vertrauen kann man nicht loslassen. In was genau man vertraut, ob in das Leben, eine höhere Macht, Gott, die Naturwissenschaften oder sonstige Konstrukte, das bleibt jedem selbst überlassen. Wichtig ist jedoch, dass Sie beginnen, in sich selbst, Ihre Gefühle und Ihren Körper zu vertrauen. Diese können Ihnen Zeichen geben, was für Sie persönlich gut ist und was sich nicht (mehr) richtig anfühlt. Weder Ihr Nachbar, Ihr Partner oder Ihre Partnerin noch Ihr Kind weiß, was für Sie richtig ist.

Warum ist Loslassen wichtig?

Loslassen ist entscheidend für ein glückliches, erfüllendes und leichtes Leben.

Dass Kinder, die es intuitiv in ihrem Spiel beherrschen, es in der weiteren Entwicklung häufig weder von den Bezugspersonen oder Eltern noch von dem Lernort Schule gezeigt bekommen, ist dramatisch. Denn so entwickeln sie ebenfalls ein Festhalten an Situationen, Dingen, Wissen etc. und verlernen das Loslassen, das Vertrauen und die Leichtigkeit im Leben.

Menschen, die loslassen können, sind in der Lage, sich stetig weiterzuentwickeln. Wer stattdessen annimmt, dass eine Eigenschaft (wie z. B. «nicht lernen können» oder «unmusikalisch sein») fest zu seiner Persönlichkeit gehört, wird sich nie davon lösen und weiterentwickeln können. Ein solches persönliches Wachstum ist jedoch auch nach Abschluss der gesellschaftlich festgelegten Entwicklungsphase mit Beginn des Berufslebens entscheidend, um sein eigenes Leben flexibel zu gestalten. Weitergehend lässt sich sogar festhalten, dass jeder Mensch lebenslang in seiner Persönlichkeit, seiner Beziehung zu sich selbst und seinen Wünschen und Träumen wachsen sollte und dieses erst mit dem Tod endet. Es geht dabei nicht unbedingt darum, sich ständig neues Wissen im Job anzueignen. Stattdessen geht es um etwas Tiefgreifenderes: das persönliche Wachstum jedes Einzelnen.

Wenn Sie lernen loszulassen, vertrauen Sie darauf, dass die Situation sich zum Guten wendet oder Sie die Fähigkeiten besitzen, mit der möglicherweise im jetzigen Moment schwierig erscheinenden Situation umgehen zu können. Damit ermöglichen Sie sich selbst eine Ablösung von Ihrer bisher festgelegten Persönlichkeit und Darstellung und können das von Ihnen loslassen, was sich nicht mehr richtig anfühlt.

Das Loslassen führt in einer solchen Situation zu einer Erleichterung des Lebens. Sie lassen all die alten, vergangenen Lasten, Gedanken und Situationen los. Denn diese können Sie sowieso nicht mehr verändern. Was passiert ist, ist passiert, die Vergangenheit lässt sich nachträglich nicht verbessern oder umformen. Wenn man diese Tatsache annimmt, löst sich eine große Last. Sie können sich stattdessen auf die Gegenwart fokussieren und darin leben und erblühen. Auch der Zukunft sollten Sie nicht zu viele Gedanken zuteilwerden lassen, vor allem keine Sorgen. Denn niemand weiß oder kann vorhersagen, wie es tatsächlich kommen wird. Und meist kommt es doch anders als man denkt. Das Leben lässt sich nicht planen, es geschieht einfach. Erinnern Sie sich stets daran, dass Ihre Gedanken für Ihre Gefühle sorgen, und versuchen Sie, offen, neugierig und voller Freude im jetzigen Moment zu leben. So ermöglicht das Loslassen ein erfülltes Leben, welches bis zum Tod im Wandel ist.

Ziel dieses Ratgebers

Dieser Ratgeber dient mit den notwendigen Hintergrundinformationen dazu, dass Sie das Thema Loslassen aus der theoretischen, wissenschaftlichen Perspektive nachvollziehen können. Ebenso bietet er Ihnen Vorschläge, Ideen und Handlungsmöglichkeiten, damit Sie das Loslassen in Ihr alltägliches Leben integrieren können.

Gleichermaßen ist er jedoch keine Medizin, die Sie nur konsumieren (in diesem Fall lesen) müssen und schon sind Sie geheilt, haben sich von Altem gelöst und führen ein erfülltes und

Auch Sie haben es nur in der Schublade liegen. Aber da bleibt es, weil es ja ein Erbstück ist, welches man nicht weggeben darf.

Wiederum eine Ursache für das Festhalten von Gegenständen kann sein, dass man diesen einen großen emotionalen Wert gibt. Beispielsweise heben viele Eltern bestimmte Spielsachen ihrer Kinder auf, zum einen um an diese schöne Zeit erinnert zu werden, zum anderen vielleicht auch mit dem Gedanken, dass die Enkel damit ja noch spielen könnten. Immer, wenn man daran denkt, dass man das Spielzeug noch im Keller oder auf dem Speicher hat, erfreut man sich an der vergangenen Zeit. Meist meint man, es den beteiligten Personen (Kindern) auch regelmäßig mitteilen zu müssen.

Bei der Darstellung sind Ihnen wahrscheinlich weitere Beispiele und Gründe aus Ihrem Alltag eingefallen. Fast jeder Mensch hat etwas, von dem er noch nicht loslassen kann, weil er der Meinung ist, es in Zukunft vielleicht noch gebrauchen zu können. Oder aber es erinnert einen an die Freuden und Leiden der vergangenen Zeit.

Wie aber kann ein Loslassen von Objekten gelingen? Und wie schaffen Sie es, nicht direkt in die Lücke des losgelassenen Gegenstands einen neuen zu füllen?

Stellen Sie sich folgende Fragen zu jedem Gegenstand:

- Was bedeutet mir dieser Gegenstand?
- Warum habe ich diesen Gegenstand?
- Wann habe ich diesen Gegenstand das letzte Mal benutzt?

- Was würde passieren, wenn ich den Gegenstand nicht mehr hätte?

Sicherlich fallen Ihnen noch weitere, für Sie passende Fragen ein. Durch die eigene Reflexion können Sie besser einschätzen, weshalb Sie manche Gegenstände festhalten. Zudem können Sie sich vermutlich schon von einigen Dingen trennen, die für Sie ohne Bedeutung sind.

Machen Sie langsam mit dem Ausmisten und Loslassen, übertreiben Sie es nicht. Und versuchen Sie, nicht direkt etwas Neues zu kaufen. Bevor Sie etwas kaufen, fragen Sie sich über mehrere Tage, ob Sie das wirklich brauchen. Und möglicherweise auch, warum Sie der Meinung sind, es zu brauchen.

Natürlich gibt es Dinge, die wirklich notwendig sind. Wenn alle Schuhe Löcher haben und abgelaufen sind, braucht man neue Schuhe. Aber wenn man noch zehn andere Schuhpaare hat und nur das Lieblingspaar durchgelaufen ist, könnte man eines der anderen Paare erstmal auftragen oder sich von ihnen trennen, wenn sie unbequem sind oder man sie nicht tragen mag.

Wenn Sie weniger Gegenstände haben, können Sie die einzelnen Dinge viel mehr genießen. Zum einen behalten Sie das, was Sie wirklich benötigen und auch gerne mögen. Zum anderen wissen Sie aber auch, was Sie eigentlich haben und können es somit auch wertschätzen und nutzen.

Und noch ein kleiner Tipp: Wenn Sie beginnen, Zeit mit sich selbst zu verbringen und in sich selbst «aufzuräumen» (Gedanken hinterfragen und loslassen, Glaubenssätze lösen, ...), wird irgendwann automatisch der Zeitpunkt kommen, an dem Sie sich auch im Außen von Gegenständen trennen möchten. Die Dinge haben dann nicht mehr die Bedeutung, die sie mal hatten; und durch eine neue Beziehung zu sich selbst fällt die Lücke, die der Gegenstand hinterlässt, nicht mehr auf. Statt sie mit einem neuen Gegenstand zu füllen, um Glücksgefühle zu erleben, können Sie diese mit sich selbst füllen.

Loslassen von Menschen und Beziehungen

Beziehungen und Menschen loszulassen stellt die meisten Personen vor noch größere Herausforderungen als das Loslassen von Dingen. Das liegt unter anderem daran, dass es in prähistorischen Zeiten elementar war, in einer Gruppe zu leben. War man allein unterwegs, war die Gefahr zu sterben deutlich höher. In einer Gruppe waren die Überlebenschancen besser. Zudem werden, wie in der Einführung beschrieben, bereits im frühen Kindesalter Bindungserfahrungen gemacht. Je nachdem, welche Erfahrungen gemacht wurden, fällt es Menschen leichter, sich zu binden oder sich zu lösen. Die Menschen, die Probleme haben, sich an andere zu binden, haben in der Regel keine Probleme mit dem Loslassen. Dieses Phänomen steht hier aber nicht im Fokus. Stattdessen geht es um die Schwierigkeiten mit dem Loslassen.

Es lässt sich immer wieder beobachten, dass die Menschen an der Art der Beziehungen und an dem anderen Menschen und seiner Art festhalten. Es darf sich dann weder der Mensch weiterentwickeln, noch darf sich die Beziehung verändern. Es wird versucht, dass alles so bleibt, wie es immer war.

Ein Beispiel dafür ist das Loslassen der Kinder, die zu jungen Erwachsenen geworden sind und das erste Mal von zuhause ausziehen. Die Eltern bleiben in der behütenden Elternrolle hängen und geben den jetzt erwachsenen Kindern weder das Gefühl, erwachsen zu sein noch den Raum, eigene Entscheidungen zu fällen und sich so weiterzuentwickeln, wie es ihnen beliebt. Jede mitgeteilte Entscheidung des Kindes wird umfassend diskutiert, beurteilt und kritisiert. Gleichermaßen gibt es aber auch viele Situationen, in denen die erwachsenen Kinder ihren Eltern das Gefühl geben, immer noch für sie verantwortlich zu sein und der Halt in ihrem Leben zu sein, beispielsweise wenn nach der Trennung von der ersten Freundin oder dem ersten Freund die Eltern zum Auffangen da sein müssen.

Ein Loslassen der familiären Rollen wäre beiderseits notwendig, damit jedes Familienmitglied sich weiterentwickeln kann. Jeder sollte von dem anderen als Individuum angesehen werden, das eigene Entscheidungen trifft und immer wertgeschätzt wird – das Prinzip der bedingungslosen Liebe, welches optimalerweise von Geburt an in der gesamten Entwicklung des Kindes und dem Familienleben vorherrschend ist. Jeder wird genau so geliebt, wie er/sie ist, ohne beurteilt zu werden oder verändert werden zu wollen. Mit anderen Worten: Eine familiäre Beziehung bleibt ein

Leben lang bestehen, aber sie sollte ebenso wandlungsfähig sein wie die einzelnen Menschen selbst.

Der Tod eines nahen Menschen lässt das Thema Loslassen für manche Personen zur Tragödie werden. In der westlichen Welt werden die Themen Sterben und Tod verdrängt, darüber im öffentlichen Raum zu sprechen führt häufig zu Irritationen und unangenehmen Situationen. Stattdessen herrscht eine große Angst oder gar Furcht davor.

Der Umgang mit einem Todesfall im nahen Umfeld ist sehr unterschiedlich. Manche Menschen fallen in tiefe Depressionen, weil sie es nicht gelernt haben, mit Trauer und Verlust umzugehen. Andere verdrängen es aus genau denselben Gründen und stürzen sich in Arbeit, Freizeit und anderen Stress.

Auch nach vielen Jahren finden sich oftmals noch immer Erinnerungsstücke wie Kleidung im Schrank oder das Parfum im Badezimmer, auch wenn der (geliebte) Mensch schon vor vielen Jahren verstorben ist. Zudem wird häufig, manchmal beinahe täglich, von ihm oder ihr gesprochen.

Es zeigt sich, dass selbst der Tod als Grenze bzw. Ende des Lebens, bei dem der physische Körper gehen gelassen werden muss, den Menschen nicht unbedingt zum Loslassen verhilft. Obwohl der Mensch nicht mehr da ist, wird an ihm festgehalten.

Loslassen von Gedanken und Emotionen

Das Loslassen von Gedanken und Emotionen ist für die meisten Menschen eine große Herausforderung. Das liegt unter anderem daran, dass nur ein ganz geringer Anteil der Gedanken und Gefühle bewusst wahrgenommen wird und der Großteil im Unterbewusstsein abläuft. Man vermutet, dass nur etwa 5 % aller Gedanken das Bewusstsein erreichen und wirklich wahrgenommen werden. Das sind die, die man mitbekommt, wenn man auf seine eigenen Gedanken achtet. Dementsprechend laufen etwa 95 % der Gedanken unterbewusst ab. Man bekommt sie gar nicht mit, aber trotzdem beeinflussen sie unser Leben, unsere Reaktionen und unsere Emotionen.

Gedanken wiederholen Erfahrungen, Erinnerungen und Erwartungen und spielen stets die Vergangenheit wie einen Film immer wieder ab. Das Denken ist der aktive Prozess, bei welchem die Gegenwart reflektiert wird und so die Gedanken gestaltet und auch verändert werden können. Die Aufmerksamkeit ist der Fokus, den man wählt. Es sind die Gedanken und Themen, mit denen man sich beschäftigt und sie beeinflusst die Wahrnehmung. Das kennen eigentlich alle Menschen: wenn man ein Kind erwartet, sieht man überall werdende Eltern und Babys; wenn man sich ein neues Auto einer bestimmten Automarke kaufen möchte, sieht man überall dieses Auto und diese Automarke.

Die Gedanken können aus verschiedenen Gruppen entstammen, auch wenn eine Einteilung nicht immer eindeutig ist. Häufig sind die Gedanken sich immer und immer wiederholende

Glaubenssätze. Das sind tief verinnerlichte Überzeugungen, die man über sein gesamtes Leben sammelt. Sie beinhalten die Einstellung gegenüber dem Leben allgemein, zu uns selbst und gegenüber den zwischenmenschlichen Beziehungen in unserem Leben. Viele dieser Glaubenssätze manifestieren sich bereits in der Kindheit durch die Erziehung und das Einfühlungsvermögen des Umfelds. Es gibt sowohl positive als auch negative Glaubenssätze, beispielsweise «Ich bin okay» und «Ich bin nicht okay», «Ich darf so sein wie ich bin» und «Ich muss mich anpassen» oder «Meine Gefühle sind wichtig» und «Ich darf nicht wütend sein». Die positiven Glaubenssätze sind in Situationen entstanden, in denen man von den Bezugspersonen oder dem Umfeld so wie man war angenommen wurde und sich geliebt gefühlt hat. Sie können einem Menschen hilfreich sein, sie dienen der Orientierung im Leben und auch in der Persönlichkeit. Negative Glaubenssätze sind dagegen in Situationen entstanden, in denen man sich abgelehnt und falsch gefühlt hat. Man hat in diesen Situationen keine Liebe gespürt. Sie sind schwächend bis gar sabotierend. Der Mensch kann dadurch in seiner Entwicklung gehemmt werden und zu Fehleinschätzungen und Fehlreaktionen verleitet werden. Die erlernten Glaubenssätze sind verallgemeinert, das heißt, sie sind nicht mehr auf die eigentliche Situation bezogen, in der die Überzeugung entstanden ist. Stattdessen werden sie in jeglicher, scheinbar passender, Situation getriggert und bestimmen so das Handeln und Denken.

Ebenso können Erinnerungen als Gedanken wahrgenommen werden. Zumeist erinnert man sich besonders an schöne oder traurige Momente und Situationen. Das Gehirn speichert die Informationen mit besonders vielen und intensiven Emotionen fester ab als Situationen oder Informationen, die keinen emotionalen Wert haben. So erinnert man sich vielleicht noch an die anstrengende Bergwanderung im Urlaub, bei der man den Weg zurück ins Tal mit der Seilbahn geplant hatte. Die Angst und der Stress, die entstanden sind, als man auf dem letzten Stück des Anstiegs, kurz vor dem Gipfel, von anderen Wanderern die Information bekommen hatte, dass die Seilbahn nur noch zwei Stunden fahren würde und es nur noch wenige Plätze gäbe, führten dazu, dass dieser Teil der Wanderung sich besonders in das Gedächtnis eingebrannt hat. Der wunderschöne Weg vorher durch den Wald bleibt kaum in Erinnerung. Ein anderes Beispiel ist die Erinnerung an die Situation, als mitten in der Nacht das Telefon klingelt und die Nachricht über den Tod einer nahestehenden Person kommt. Wenn die Erinnerung daran aufkommt, kommen damit auch die Emotionen wieder hoch, die Trauer, die Angst und all die Verzweiflung, vielleicht auch der emotionale Stress – je nachdem, was man in der Situation erlebt und gefühlt hat. Wenn die Gedanken Erinnerungen beinhalten, können diese auch einen Einfluss auf die Emotionen und die allgemeine Verfassung des Menschen in der Gegenwart haben. Es kann dann zum Denken kommen, wenn man beginnt, diese (vergangene) Situation zu reflektieren beziehungsweise weiterzuspinnen, zum Beispiel fragend in Form von «Wie wäre es, wenn das jetzt wieder passieren würde?», «Was wäre, wenn es nicht gut ausgegangen wäre?» oder gar in Form von Gedankenspiralen «Das war so schrecklich, ich war so schockiert» und «Diese Situation hat mein Leben so negativ beeinflusst, seitdem passieren nur noch schlimme Dinge». Es gibt noch zahlreiche weitere Möglichkeiten, wie die Gedanken durch das

Denken wieder in den jetzigen Moment geholt werden und die Gegenwart, die nichts damit zu tun hat, beeinflussen.

Natürlich können die Gedanken auch Wissen sein. Fakten, die man mal erlernt hat oder in der täglichen Arbeit benötigt, können ebenso in den Gedanken ablaufen. Oder aber persönliche Lernerfahrungen, die objektiv auf die Welt übertragen werden.

Insgesamt sind die Gedanken aus den verschiedenen Gruppen meist ineinandergreifend und nur schwer zu trennen. Äußerst selten kann ein Gedanke eindeutig als eine bloße Erinnerung oder nur Wissen eingeschätzt werden. Stattdessen sind diese größtenteils mit Glaubenssätzen verknüpft. Es lässt sich durchaus beobachten, dass ein Gedanke unterschiedliche, widersprüchliche Glaubenssätze hervorrufen kann, je nach der eigenen inneren Verfassung und den äußeren Einflüssen.

Jeder Mensch identifiziert sich mit seinen Gedanken, Emotionen und Glaubenssätzen und baut sich damit seine subjektive Weltsicht auf. Aussagen wie «Ich bin nicht willensstark», «Schnecken kann man nicht essen» oder «Ich kann nicht gut lernen» kommen in der alltäglichen Kommunikation ständig vor und stellen die subjektive Wahrheit von dem einzelnen Menschen dar.

Was aber bleibt übrig, wenn ein Mensch alle seine Glaubenssätze und (einengenden) Gedanken loslässt? Auf das Loslassen von Glaubenssätzen und Gedanken folgt die Ungewissheit, wer oder was man ist. Denn dort, wo man etwas loslässt, bleibt erst einmal Leere zurück. Diese Tatsache hindert uns Menschen daran, überhaupt einen Gedanken loszulassen. Denn auf das sichere Wissen, dass etwas genau so ist, würde dann die Unsicherheit folgen, dass man eben nicht weiß, wie etwas ist. Und das ist schwer auszuhalten und führt bei vielen Menschen zu Angstgefühlen.

In der sehr komplex gewordenen Welt vermitteln uns feste Meinungen oder Überzeugungen zumindest kurzzeitig ein Gefühl von Sicherheit und Halt. Jedoch muss durch den stetigen und rasanten Zuwachs an Wissen und Informationen eine Meinung sehr schnell erneuert werden. Dadurch kann es zu einem Gefühl der Ruhelosigkeit kommen (z. B. «Wie stehe ich nur vor den Kollegen da, wenn ich nicht weiß, was in den Nachrichten gerade los ist?»).

Emotionen haben eine besondere Rolle in der Gesellschaft, denn sie werden fast nie wertungsfrei wahrgenommen. Oftmals sind die Wahrnehmung und Akzeptanz der Gefühle durch tiefe, in der Kindheit entstandene Glaubenssätze beeinflusst. Angenehme Emotionen wie Freude oder Glück werden, je nach sozialer Situation, mit anderen Menschen geteilt, wahrgenommen oder zumindest akzeptiert (z. B. macht es einen Unterschied, ob man sich auf der Arbeit oder im Freundeskreis freut). Unangenehme Gefühle wie beispielsweise Leid, Einsamkeit, Selbstzweifel oder Trauer werden dagegen als negativ bewertet und abgelehnt. Zudem versucht man, sie durch individuelle Ablenkung (Alkohol, Essen, Drogen, Medikamente, Fernsehen, Konsum, etc. – jeder Mensch hat da seine ganz eigenen Techniken) zu überspielen. Doch auch solche Gefühle gehören zum Leben dazu und sind wichtig. Sie können Indizien sein für einen Bereich im Leben, der in den Wandel kommen sollte.

Wenn man die Gefühle nicht bewusst wahrnimmt, kann man sie auch nicht loslassen. Stattdessen lernt man unbewusst, dass es von der Gesellschaft nicht anerkannt wird, sich so zu fühlen. Diese Lernerfahrung kann mit der Zeit und Wiederholung wiederum zu einem Glaubenssatz werden. Die Wahrnehmung der eigenen Person, des Körpers und der Gefühle ist somit unerlässlich für das Loslassen.

Warum fällt es uns schwer, loszulassen?

Für die meisten Menschen ist das Loslassen, wie zuvor ausgeführt, schwer zuzulassen und zumeist gar nicht im Fokus. Dies hat verschiedene Gründe. Versuchen Sie in sich hineinzufühlen, wenn Sie die dargestellten Gründe gegen das Loslassen lesen. Was spüren Sie in sich? Gibt es Verspannungen, Schmerzen, Gedanken, Bilder? Meist merkt man im ersten Moment, ob ein Grund möglicherweise auch in einem selbst das Loslassen verhindert.

Es gibt Menschen, die unter Metathesiophobie leiden, der Angst, Veränderungen zu akzeptieren. Diese krankhafte Angst vor Veränderungen fällt unter die spezifischen Angststörungen. Die Betroffenen haben dabei vor allem Angst davor, zu scheitern.

Aber nicht jeder Mensch, dem eine Veränderung oder das Loslassen schwerfällt, leidet unter einer psychischen Störung. Bei vielen Menschen sind es Gewohnheiten und bewusste sowie unbewusste Prozesse, die einen an der Weiterentwicklung hindern. Sollten Sie spüren, dass Sie allein nicht vorankommen, so ist es durchaus sinnvoll, sich psychologische Unterstützung zu holen.

Psychologische Gründe

Bereits im vorherigen Kapitel «Loslassen von Menschen und Beziehungen» wurde das Sterben thematisiert. Doch warum ist der Tod als Lebensbegleiter im Kontext vom Loslassen so wichtig?

Der Tod ist für viele Menschen ein Tabu-Thema. Dabei gehört er zum Leben dazu. Die Natur ist ständig im Wandel, beispielsweise lassen die Bäume ihre Blätter im Herbst los, um im kommenden Jahr mit neuer Energie prachtvolle neue Blätter auszubilden. Jedes einzelne Blatt muss sterben und versorgt damit wieder weitere Lebewesen mit Nahrung und den Waldboden mit Humus. Ebenso ist es mit einem Samenkorn, beispielsweise einem Weizenkorn. Damit eine neue Weizenpflanze mit vielen Weizenkörnern wächst und neuer Weizen entstehen kann, muss ein Korn sterben, indem es gesät wird und keimt. In der Natur gibt es reichlich Beispiele für solche Lebenszyklen, Ihnen fallen sicherlich weitere ein.

In jedem Loslassen liegt ein Sterben, denn wenn man sich von etwas löst, gibt man es ab, wie der Baum seine Blätter abgibt. Loslassen ist stets mit einem Verlust verbunden und dieser soll, so gut wie möglich, vermieden werden. Stattdessen versuchen die Menschen, liebgewonnenes zu konservieren, indem man es häufig wiederholt. Denn ohne diese Gewohnheiten meint man, nicht mehr existieren zu können. Man weiß nicht, was stattdessen kommt und wer man ist bzw. sein wird.

Die Schönheit und Fülle, welche im Sterben und Loslassen liegen kann, wie die Natur sie uns lehrt, sehen die meisten Menschen nicht. Dafür ist die gesellschaftlich etablierte Angst vor dem Tod zu groß.

Es ist durchaus möglich, das Modell zur Trauerverarbeitung nach Kübler-Ross auf das Loslassen, egal ob von Menschen, Gegenständen, Gedanken oder Emotionen, zu übertragen. Dieses Modell beschreibt die verschiedenen Phasen, die jeder Mensch auf seine ganz individuelle Weise durchläuft, wenn ein Verlust verarbeitet wird. Zunächst gibt es die Phase des Schockzustandes, in der die Situation verleugnet wird. Darauf folgt eine Phase des Widerstands, in der unangenehme Gefühle wie Wut, Verzweiflung oder Abwehr vorherrschen. Wenn die Einsicht vorhanden ist, folgt meist eine große Trauer und depressive Phase. Anschließend folgen dann die Phasen der Akzeptanz, des Ausprobierens der Veränderungen und der Übernahme in den Alltag, das Alte wird zu- und losgelassen und etwas Neues kann entstehen. Selbstverständlich sind die Phasen nicht zwingend linear, es kommt immer wieder zu Vor- und Rückschritten. Auch die Dauer der einzelnen Phasen ist äußerst individuell.

Überträgt man diese verschiedenen Phasen nun auf das allgemeine Loslassen, so zeigen sich auch dabei die unangenehmen Gefühle. Das Loslassen selbst beginnt jedoch erst richtig bei der Phase der Akzeptanz. Die vorhergehenden Phasen stellen den Prozess dar, welcher jeder Mensch durchläuft, bevor die Entscheidung aufkommt, sich von etwas lösen zu wollen.

Tatsächlich führt die Auseinandersetzung mit Trennung und Loslassen dazu, sich unweigerlich mit seiner eigenen Persönlichkeit und seinen Stärken und Schwächen sowie Vorstellungen und Wünschen vom eigenen Leben auseinanderzusetzen.

Festhalten ist urmenschlich und zum Teil auch überlebenswichtig. Säuglinge beispielsweise könnten niemals allein überleben. Die Bindungstheorie geht davon aus, dass im frühen Kindesalter Bindungserfahrungen gemacht werden, die das spätere Leben prägen. Kleine Kinder haben zum einen das natürliche Bedürfnis, sich zu binden. Gleichermaßen nimmt mit zunehmendem Alter aber auch das Interesse an der Welt und dem Erkunden und spielerischen Lernen zu. Wenn das Umfeld angemessen auf beide entgegengesetzten Bedürfnisse reagiert, kann das Kind ein stabiles Selbstbild entwickeln und Selbstwirksamkeit erfahren. Es wird davon ausgegangen, dass dann im Erwachsenenalter die Bedürfnisse nach Autonomie und Nähe ausgeglichen sind.

Die Bindungstheorie beschreibt vier verschiedene Bindungstypen, die in der Gesellschaft beobachtet werden können. Zum einen gibt es Menschen und Kinder mit einer sicheren Bindung, die sich binden können und diese Bindung als Basis zur Selbstentfaltung nutzen. Menschen mit dem unsicher-vermeidenden Bindungstyp wirken unabhängig von anderen (Bezugs-) Personen, zeigen aber viel Vermeidungsverhalten, um weder mit Fremden noch mit den nahestehenden Personen in einen echten Kontakt zu kommen. Menschen mit einem unsicher-ambivalenten Bindungsmuster verhalten sich widersprüchlich. Zum einen zeigen sie eine Abhängigkeit zu den Bezugspersonen und können nicht ohne diese, zum anderen zeigt sich eine ablehnende Haltung diesen Personen gegenüber, sie können auch nicht mit ihnen. Der vierte Bindungstyp, der in der Bindungstheorie beschrieben wird, ist eine desorganisierte Bindung. Diese Menschen haben keine Beziehungsstrategie und leben mit den Gefühlen von Angst, Ohnmacht, Kontrollverlust und Hilflosigkeit.

Eine sichere Bindung ist der Bindungstyp, der aus dem Blickwinkel der Bindungstheorie dem Erleben intensiver Beziehungen und dem Wunsch und der Möglichkeit nach Selbstverwirklichung und

Wachstum zugrunde liegt. Er entsteht bei optimalen Bedingungen in der frühen Kindheit. Jedoch haben nur etwa 50 % der Menschen in der Kindheit diese optimalen Bedingungen und können einen solchen ausgeglichenen Bindungsstil entwickeln. Diesen Menschen fällt sowohl das Loslassen als auch das Binden meist von sich aus leicht.

Auch wenn die Bindungstheorie davon ausgeht, dass der Bindungsstil, der im Kindesalter entwickelt wird, über das gesamte Leben besteht, gibt es Untersuchungen, die zeigen, dass es auch im Erwachsenenalter noch möglich ist, einen sicheren Bindungsstil zu entwickeln. Die Erlebnisse und Erfahrungen in jedem anderen Alter können somit den Bindungsstil verändern. Wenn man mutig und veränderungswillig ist, dann ist mit Zeit und Mühe eine Veränderung möglich. Denn das Gehirn ist lebenslang lernfähig.

Neurobiologisch gesehen ist Loslassen wie ein Entzug. Gegenstände, Tätigkeiten oder Menschen, die man liebt, führen im Mittelhirn zur Aktivität einer Region, die wiederum für die Ausschüttung von Dopamin, eines der sogenannten Glückshormone, zuständig ist. Ein höherer Dopaminspiegel macht ein angenehmes, glückliches Gefühl. Kommt es zu einer Trennung oder einem Loslassen dieses Objekts oder Menschen, welches oder welcher zur Dopaminausschüttung führt, fällt der Dopaminspiegel ab und es folgen Entzugserscheinungen. Diese körperliche Reaktion ist identisch zu einem Drogenentzug. Da der Mensch es schwer aushalten kann zu leiden, folgen auf die Entzugserscheinungen Automatismen, um sich davon abzulenken und möglichst schnell wieder ein gutes Gefühl zu bekommen. Es muss etwas oder jemand konsumiert werden, der Glücksgefühle verursacht.

Wenn Sie beginnen, sich mit sich selbst zu beschäftigen, werden Sie spüren, dass Sie diese Glücksgefühle auch in sich finden können. Ohne dass Sie von außen Stimulationen benötigen, können Sie durch das Kennenlernen Ihrer eigenen Wünsche und Bedürfnisse und das liebevolle Kümmern um sich selbst positive Erfahrungen und Gefühle entstehen lassen.

Kulturelle Gründe

International lässt sich beobachten, dass vor allem in der westlichen Welt Schwierigkeiten mit dem Loslassen bestehen.

Im asiatischen Raum sind unter anderem buddhistische Haltungen verbreitet, darunter die Vorstellung, dass alles veränderlich, unbeständig und nicht immer kontrollierbar ist. Der Versuch, dagegen anzugehen, führt zum Leiden. In Japan gibt es das gedankliche Konstrukt «Wabi-Sabi», welches bedeutet, dass Schönheit von Natur aus flüchtig und vergänglich ist.

In der westlichen Welt dagegen wird das Loslassen häufig mit Scheitern oder Aufgeben gleichgesetzt. Dies sind Gegensätze zu den Verhaltensweisen, die viel zählen, wie beispielsweise Beharrlichkeit und Durchsetzungsvermögen. Ein Mensch, der loslässt oder aufgibt, wird dementsprechend oftmals als Verlierer wahrgenommen.

Die Menschen im westlichen Europa leben verschiedene Eigenschaften, die weltweit zu Klischees geworden sind: Pünktlichkeit, Disziplin und Zuverlässigkeit, außerdem der Fokus auf Leistung und Erfolg. Ob diese Annahmen zutreffen, soll an dieser Stelle nicht bewertet werden. Sicher ist aber wohl, dass solche Eigenschaften durchaus individuell sind.

Allerdings kann man diese Klischees aus dem Blickwinkel des Loslassens betrachten: Pünktlichkeit und Disziplin weisen auf festgelegte Strukturen im Individuum hin, es ist also wenig Spontaneität und Flexibilität vorhanden. Das könnte durchaus ein Gegner vom Loslassen sein, vor allem von festgelegten und eingeübten Strukturen, beispielsweise bei Terminen, Verhaltensweisen oder bei Gedanken und Glaubenssätzen. Der Fokus auf Leistung und Erfolg könnte, wie im Absatz zuvor beschrieben, dazu führen, dass ein Mensch, der loslässt, als Verlierer angesehen wird.

Durch die vielen Sicherungskonzepte (bspw. vor Armut), das Abnehmen schwerer Arbeiten durch Maschinen sowie die Heilung bzw. das Verdecken von Krankheiten durch Medikamente in den hoch entwickelten Gesellschaften haben unangenehme Gefühle und das Leiden an sich keinen Platz mehr. Egal woher ein unangenehmes Gefühl kommt (z. B. durch Schmerzen oder den Tod einer nahestehenden Person), es wird erwartet, dass diese Gefühle nicht in die Gesellschaft eingebracht werden. Wie das Unterdrücken geschieht, ob unter Zuhilfenahme von Mitteln, durch Ablenkung oder sonstige Möglichkeiten, bleibt jedem selbst überlassen. Allgemein existiert in der Gesellschaft oftmals die Annahme, dass, wer sich seinen Gefühlen aktiv zuwendet, sie spürt, hinterfragt und erlebt, weniger belastbar ist. Die eigene gesellschaftliche Rolle könne man in diesem Zeitraum deshalb nicht erfüllen.

Noch ein kleiner Exkurs in die Soziologie: Betrachtet man das Festhalten und Loslassen aus der soziologischen Perspektive, kann man beobachten, dass in der Kultur und den Gesellschaften in Westeuropa das Abgeben grundsätzlich kaum thematisiert wird. Stattdessen wird das Loslassen sogar tabuisiert. Dem Aufnehmen (z. B. von Informationen oder Nahrung) dagegen, welches vor dem Festhalten (und natürlich auch Loslassen) notwendig ist, wird die volle Aufmerksamkeit gegeben. Auch im Fokus steht die Kontrolle, beispielsweise von Informationen und Emotionen. Inzwischen wird auch vermehrt das Verarbeiten dessen, was von der Welt aufgenommen und festgehalten wird, betrachtet. Das Loslassen dagegen spielt keine Rolle und wird, wenn es von einem Menschen doch mal thematisiert wird, schnell wieder verdrängt. Ein sehr plastisches Beispiel dafür ist die Nahrungsaufnahme. Die meisten Menschen legen einen großen Wert darauf, was sie essen, woher es kommt und dass es schmeckt. Auch die Situation der Nahrungsaufnahme wird thematisiert. Zum Teil geht es in der aktuellen gesellschaftlichen Entwicklung sogar so weit, dass ständig Fotos vom eigenen Essen mit anderen Menschen und der weiten Welt geteilt werden müssen. Dem Loslassen der zugeführten Nahrung wird dagegen noch nicht einmal ein angemessenes Wort zugeteilt. Auch das Sprechen darüber in der Gesellschaft ist Tabu, man macht es zwar, aber es sollte weder zu lange dauern, noch zu viel Aufmerksamkeit bekommen. Und auch in diesem Bereich, beim Loslassen von der aufgenommenen Nahrung, kennt eigentlich jeder Mensch das Festhalten, nämlich, wenn man an einer Verstopfung leidet. Der Körper lässt dann die zugeführte und verarbeitete Nahrung nicht mehr los.

Eine gute Möglichkeit ist es, zumindest im Familien- und Freundeskreis damit zu beginnen, auch das Loslassen zu thematisieren. Welche Bereiche, spielt für den Anfang wohl keine entscheidende Rolle. Aber grundsätzlich gehört es zum Leben genauso dazu wie das Aufnehmen und ist überlebenswichtig.

Persönliche Gründe

Neben den psychologischen und kulturellen Gründen lassen sich auch einige ganz persönliche Gründe finden, an etwas festzuhalten. Diese Aufzählung ist keineswegs vollständig, vermutlich gibt es so viele persönliche Gründe wie es Menschen gibt.

Eine mögliche Ursache, warum an etwas festgehalten wird, sind wirtschaftliche Gründe. Beispielsweise behält man einen Job, der einen eigentlich nur frustriert, langweilt oder ermüdet bzw. erschöpft, weil man Angst hat vor dem finanziellen Ruin. Man kann es sich nicht erlauben, dass man kein Geld verdient, und ist unsicher, ob man schnell oder überhaupt einen besseren oder zumindest nur gleichwertigen Job findet.

Damit gehen möglicherweise weitere Gründe einher, die auf eingegangenen Pflichten oder Bindungen beruhen. Verträge, die einen finanziell binden: Die Raten muss man pünktlich zahlen, egal was los ist. Das setzt einen unter Druck, und das Loslassen wird erschwert. Aber auch bei Verträgen auf Laufzeit, beispielsweise einem Mietvertrag über mehrere Jahre, ist es kaum möglich, vorher loszulassen, denn eine Kündigung ist meist ausgeschlossen. Die Wohnung hat man mindestens für den Zeitraum gemietet, auch wenn sie nicht gefällt oder man feststellt, dass sie, entgegen der Informationen, in einer zu lauten Umgebung liegt. Möglicherweise passen zu diesen Bindungen auch familiäre Verpflichtungen, die man eingegangen ist, wie beispielsweise das Pflegen und Versorgen der Schwiegereltern. Würde man es loslassen, also sich nicht mehr um sie kümmern, müssten sie vielleicht ins Heim oder in eine Betreuung. Und vielleicht würden sie das nicht verstehen, sondern als Liebesentzug oder Vertrauensbruch deuten.

Auch weitere familiäre oder kontextuelle Gründe sind möglich. Beispielsweise möchte einer in der Partnerschaft sich von Gegenständen lösen, der andere hält aber daran fest und will nichts loslassen. Dann wird es vermutlich schwer werden und mit Kampf und Unverständnis verbunden sein, sich zu lösen. Oder eine Partnerschaft, die für einen Partner schon längst nicht mehr erfüllend ist, bleibt bestehen, weil es ein gemeinsames Kind gibt. Die Vorstellung, das eigene Kind mit einer Trennung zu belasten, hält davon ab, sich zu trennen.

Es gibt zahlreiche weitere persönliche Gründe für ein Festhalten an Situationen, Dingen oder Gedanken und Emotionen. Möglicherweise liegen diesen auch psychologische Gründe zugrunde. Dies kann aber nur jeder für sich selbst herausfinden.

Versuchen Sie nachzuspüren, welche Gründe bei Ihnen vorliegen, um an etwas festzuhalten. Das können eindeutige, alleinstehende Gründe sein oder aber eine Vielzahl verschiedener Gründe, die sich alle gegenseitig bedingen.

Die Vorteile von Loslassen

Bereits Johann Wolfgang von Goethe machte mit dem Satz «Dasein ist Pflicht, und wär's ein Augenblick!» in seinem Werk «Faust» deutlich, dass es entscheidend ist, im gegenwärtigen Moment anwesend zu sein. Er verdeutlicht, dass das Leben nur im jetzigen Zeitpunkt ist, und jeder im Leben, also im Moment, auch anwesend sein sollte.

Beobachten Sie einmal, wie viele Menschen in der Öffentlichkeit nicht anwesend sind. Wenn Sie auf der Straße anderen Menschen begegnen, sind diese dann da, oder machen sie parallel andere Dinge, wie telefonieren, etwas hören (Musik oder Podcasts), auf dem Handy tippen oder weiteres?

Das folgende Kapitel beschreibt einige Vorteile, die mit dem Loslassen einhergehen können. Natürlich ist aber auch dies wieder sehr individuell und wird von jedem Menschen subjektiv wahrgenommen – seien Sie also offen und neugierig, was Sie spüren und lösen Sie sich von Ihren Erwartungen.

Bessere psychische Gesundheit

Der Begriff der psychischen Gesundheit ist heutzutage in aller Munde. Jeder spricht davon und meint, sie bei anderen Menschen, manchmal auch bei sich selbst, einschätzen zu können. Aber was ist die psychische Gesundheit eigentlich genau?

Die Weltorganisation zur Gesundheit (WHO) definiert die psychische Gesundheit als «Zustand des Wohlbefindens, in dem eine Person ihre Fähigkeiten ausschöpfen, die normalen Lebensbelastungen bewältigen, produktiv arbeiten und einen Beitrag zu ihrer Gemeinschaft leisten kann». Es ist also nicht nur entscheidend, dass keine psychischen Symptome vorliegen. Stattdessen spielen auch die im Alltag erfahrene Selbstwirksamkeit, die Entfaltung der eigenen intellektuellen und emotionalen Fähigkeiten sowie das Einbringen der eigenen Persönlichkeit und Fähigkeit in die Gesellschaft eine wichtige Rolle.

Es gibt vielfältige Einflüsse auf die psychische Gesundheit. Dazu werden unter anderem die Merkmale eines Menschen (bspw. genetische Eigenschaften), die sozialen Umstände (unter anderem Lebensbedingungen und Arbeitsbedingungen) und die Umweltfaktoren (z. B. Zugang zu Bildung, Gesundheitssystem oder die Politik) gezählt. Gewisse Einflüsse auf die psychische Gesundheit können kaum oder nur schwer beeinflusst werden. So müsste man beispielsweise umziehen oder flüchten, um in ein Land mit einer anderen politischen Ausrichtung zu kommen, ebenso ist das Erbgut (bisher) nicht veränderbar. Andere Merkmale eines Menschen können aber durchaus verändert werden. Dazu zählen die Regulation der Emotionen oder aber ein gutes Selbstwertgefühl.

Somit können Sie auch durch das Loslassen Ihre psychische Gesundheit verbessern, indem Sie beispielsweise gewisse Aspekte Ihrer Persönlichkeit, Gedanken und Glaubenssätze loslassen.

Eine Grundannahme des Buddhismus ist, dass das Leben mit Leiden einhergeht. Ein anderes überliefertes Zitat von Buddha lautet «Lerne loszulassen, das ist der Schlüssel zum Glück». Zusammenfassend ist die Annahme, dass Festhalten zu Leiden führt, denn dann ist man in seiner Welt, seiner Situation sowie seiner Person gefangen und lässt den natürlichen Lebensfluss nicht zu. Dies widerspricht dem natürlichen Wandel, der sich in der Natur beobachten lässt.

Für das Festhalten braucht man Energie, genauso wie zum Einmachen oder Konservieren von Lebensmitteln Strom benötigt wird. Wenn man die Energie, die man zum Konservieren seiner Person, seiner Gedanken oder von Gegenständen benötigt, aufgibt, wird das, was man festgehalten hat, einfach zerfallen. Man braucht dabei keine Energie aufzubringen, um etwas abzuschütteln. Es ist vollkommen ausreichend, die festgehaltene Energie zu lösen und die Sache gehen lassen zu wollen. Notwendig dafür ist das Vertrauen, dass es geht. Und Vertrauen in die Leere hinein. Wenn der Ballast abgeworfen wurde, kann man leichter durch das Leben gehen. Das verhilft zu einer besseren psychischen Gesundheit, denn Sie können Vergangenes annehmen, ohne in «Warum-Fragen» zu versinken. Somit können Sie es verarbeiten und abschließen, statt davor wegzulaufen oder es zu verleugnen.

In der Neurowissenschaft ist bekannt, dass ein wandernder Geist, also eine ständig umherschweifende Aufmerksamkeit, ein unglücklicher Geist ist. Heutzutage erleben viele Menschen eine ständig umherschweifende Aufmerksamkeit. Es wird kaum mehr hochkonzentriert gearbeitet, ständig werden die Nachrichten gecheckt, Mitteilungen von Freunden gelesen und beantwortet und rund um die Uhr auch E-Mails geschrieben. Nebenbei isst man, telefoniert man und fährt mit dem Auto. Das Multi-Tasking der modernen Gesellschaft fordert den Geist enorm, zumal ständig neue Informationskanäle entwickelt werden, die man meint, sich aneignen und nutzen zu müssen.

In einem gewissen Rahmen ist eine wechselnde und bewegliche Aufmerksamkeit jedoch auch wichtig, um sich weiterentwickeln zu können. Denn wenn Sie wie festgefahren nur an eine Sache denken oder sich mit einer Sache beschäftigen, können Sie keine neuen Gedanken, Ideen und Handlungsanleitungen entwickeln.

Eine Schulung der Aufmerksamkeitslenkung und Konzentrationsfähigkeit kann die psychische Gesundheit verbessern. Dabei lernt man, seinen Geist mit für ihn wichtigen Themen zu beschäftigen und ihn weniger mit unnützem Wissen und Denkvorgängen zu belasten.

Mehr innere Ruhe

In der heutigen Gesellschaft ist Dauerstress normal, nicht nur durch den Alltag mit vielen Terminen und Anforderungen, sondern auch durch die dauerhafte Beeinflussung durch verschiedene Reize aus der Umwelt wie beispielsweise Lärm bzw. Geräusche, Gerüche oder visuelle Sinneswahrnehmungen. Die schnelllebige Welt führt durch die Globalisierung und globale virtuelle Vernetzung sowie die Leistungsorientierung zu immer mehr Stress, der sich in den Menschen ansammelt. Der Zustand von Stress ist das Gegenteil von innerer Ruhe und schließt diese aus. Aber jeder kann durch verschiedene Techniken und Methoden, dazu zählt auch das Loslassen, wieder eine innere Ruhe in sich selbst finden und so resilienter gegenüber dem Stress werden.

Innere Ruhe wird meist mit Ausgeglichenheit und Gelassenheit gleichgesetzt, also der Akzeptanz, dass Dinge geschehen, wie sie geschehen. Es ist der Zustand des inneren Gleichgewichts – Körper, Geist und Seele sind im Einklang. Dies bedeutet auch, bewusst Anspannungen loszulassen, Gedankenkarusselle zu beenden und auch innerlich mit sich selbst im Reinen zu sein.

Wenn man immer versucht, die Erwartungen der anderen Menschen zu erfüllen, ist man bereits in einer Zerreißprobe. Denn meist sind die Erwartungen und Bedürfnisse äußerst divers und widersprechen sich. Versucht man stattdessen, auf die eigenen Bedürfnisse, Gefühle und Wünsche zu achten und sich auf das innere Erleben zu fokussieren, kann viel Stress von einem abfallen. Das Wahrnehmen der eigenen Gefühle kann bereits zu (innerer) Ruhe führen, denn man versucht nicht mehr, diese irgendwie zu überdecken, sei es durch Kontakte mit anderen Menschen, Musik, Fernsehen oder Serien oder das ständige virtuelle Recherchieren und Vernetzen. Solche ablenkenden Strategien lassen sich bei den meisten Menschen beobachten. Es muss im Außen laut sein, damit das Innen nicht gehört und wahrgenommen werden kann.

Lässt man die Gefühle und Gedanken zu und versucht, seine eigenen Bedürfnisse als wichtige Handlungsanweisung zu sehen, so kommt man automatisch zu einer gewissen inneren Ruhe. Denn man muss sich keine Gedanken mehr darüber machen, dass, wenn man dem Wunsch des einen Menschen nachgeht, man vielleicht einen anderen Menschen enttäuscht, und wie sollte man das nur erklären? Stattdessen kann man damit beginnen, offen die eigenen Bedürfnisse zu kommunizieren und sich somit aus diesem Dilemma zu lösen. Wenn man sich seinen eigenen Bedürfnissen zuwendet und für sich selbst gut sorgt, kann man auch die Bedürfnisse der anderen Menschen anerkennen und andere Personen unterstützen. Sorgt man nicht gut für sich, geht es einem selbst nicht gut und man kann andere Menschen nicht unterstützen, zumindest nicht langfristig.

Wenn Sie das Loslassen erlernen, werden Sie immer mehr im gegenwärtigen Moment leben können. Denn Sie werden in der Lage sein, wahrzunehmen, was gerade ist; sowohl wo Sie sind und was Sie machen als auch wie sich Ihr Körper und Geist anfühlen und welche Emotionen Sie in sich spüren.

Es kann dann weniger Gedankenkreisen über die Vergangenheit geben, ebenso werden Sie nicht mehr so oft in den Sorgen über die Zukunft verweilen. Stattdessen sind Sie mit Ihrer Aufmerksamkeit bei dem, was gerade ist. Auch bei den Gefühlen, die mit der jetzigen Situation einhergehen. Natürlich werden dabei auch manchmal Ängste, Sorgen oder andere unangenehme Gefühle auftreten. Diese brauchen Sie dann aber nicht zu überspielen oder verdrängen, sondern können ihnen offen gegenübertreten, denn im Regelfall werden Sie diese nicht überfluten. Und wenn Sie sie wieder loslassen, werden Sie lernen, in einen Fluss mit Ihren Gefühlen zu kommen, diese weder überzubewerten noch festzuhalten. Sie werden spüren können, dass Sie in jeder Situation des Lebens andere Emotionen erleben und werden angesichts der Fülle in Ihnen und Ihrem Leben Dankbarkeit erleben.

Wenn Sie in sich ruhen, werden Sie sich ausgeglichen fühlen, gleichermaßen voller Energie sein, den Fokus halten können und dabei entspannt bleiben. Sie werden spüren, dass Ihr Geist mehr Ruhe und Klarheit findet und Sie sich nicht mehr in ewigen Gedankengängen verlieren. Zudem werden Sie sich Ihrer Gedanken bewusster und können beginnende Gedankenketten stoppen. Sie erfahren in Ihrem Leben dadurch mehr Authentizität und Sinn.

Stärkere zwischenmenschliche Beziehungen

Wenn Sie lernen, sich selbst und dem Leben zu vertrauen und loszulassen, können Sie auch anderen Menschen mehr vertrauen. Selbstvertrauen, das bedeutet, sich gegenüber sich selbst zu öffnen und seine eigene Verletzlichkeit zuzulassen, ist die Basis für ein Vertrauen gegenüber anderen Menschen. Wenn Sie kein Selbstvertrauen haben, sich selbst nicht lieben und annehmen, wie Sie sind, können Sie sich auch nicht gegenüber einem anderen Menschen öffnen. Wenn Sie sich vertrauen, werden Sie meist auch beginnen, die Zeichen Ihres Körpers und Ihres Herzens wahrzunehmen und diesen zu folgen. Dadurch finden Sie Freude und Erfüllung in sich selbst. Es wird dann für Sie möglich, sich ohne Konsum, ohne andere Menschen oder Ablenkung, in sich selbst zuhause zu fühlen. Diese Herzenswärme, die Sie in sich selbst erleben können, werden Sie dann auch in der Verbindung mit anderen Menschen spüren und, ganz automatisch, weitergeben können.

Vertrauen ist ein Gefühl, welches man meist erst kennenlernt, wenn es erschüttert wird. Es fühlt sich dann an, als wenn man nicht mehr getragen wäre. Wenn man vertraut, öffnet man sich für den anderen Menschen und macht sich verletzbar. Man gibt dem anderen Freiräume, von denen man nicht weiß, wie sie genutzt werden. Man muss es schließlich aushalten, wie der andere Mensch mit der Freiheit umgeht, und verzichtet freiwillig auf Kontrolle oder Überwachung. Denn wenn Kontrolle und Überwachung stattfinden, hält man fest und ist weit entfernt von einem echten, ehrlichen Vertrauen.

Vertrauen kann man nur erlernen, indem man es ausprobiert und sich traut. Nur wenn man vertraut, kann man herausfinden, ob es richtig ist, zu vertrauen. Nachdenken über das Vertrauen erschwert es – denn wie oben erwähnt, ist es eigentlich einfach da.

Wenn Sie sich selbst vertrauen, öffnen Sie sich in zwischenmenschlichen Beziehungen und zeigen sich, wie Sie sind. Dadurch legen Sie die gespielten Rollen ab und sind vollkommen authentisch. Ihr Gegenüber kann sich ebenfalls öffnen und authentisch sein. Es kommt zu einer gegenseitigen bedingungslosen Annahme, einer echten und bedingungslosen Liebe, die zu einem Gefühl einer tiefen Begegnung führen kann.

Auch durch das Loslassen von Beziehungen, die für einen selbst keinen Mehrwert haben oder gar toxisch sind, kann man die

Qualität der zwischenmenschlichen Verbindungen verbessern. Es gibt immer wieder diese Kontakte, die man vielleicht schon seit vielen Jahren unregelmäßig pflegt, die einem aber immer mehr Energie und Kraft ziehen als sie einem bringen. Man geht frustriert, niedergeschlagen oder fast schon depressiv nach Hause und braucht erst einmal Ablenkung. Wenn man diese Kontakte loslässt, ob den ganzen Menschen oder aber nur die Art und Weise, indem man sich gemeinsam mit dem anderen auf eine Entwicklung begibt, ist eine individuelle Entscheidung. Wenn Sie aber das Alte loslassen, haben Sie Platz dafür, die aktuellen Beziehungen zu genießen und auch Platz dafür, neues entstehen zu lassen. Dies gibt mehr Zeit und auch mehr Kapazität im Geist für sich selbst und für die Kontakte, die wertvoll sind, sodass tiefe zwischenmenschliche Erfahrungen gemacht werden können.

Bessere Lebensqualität

Dass sich die Lebensqualität verbessert, wenn man eine bessere psychische Gesundheit hat, mehr innere Ruhe und Gelassenheit erlebt und intensive zwischenmenschliche Beziehungen pflegt, ist wohl sehr wahrscheinlich.

Wenn man sich ständig verstellt und in die verschiedensten Rollen schlüpft, die sich im Alltagsleben etabliert haben (z. B. die Rolle der Tochter im Verhältnis zu den Eltern; die Rolle der fürsorglichen Mutter gegenüber den eigenen Kindern; die Rolle der fleißigen, belastbaren Arbeitskraft auf der Arbeit oder auch die Rolle des Zuhörenden in den freundschaftlichen Beziehungen), kann man nie nach den eigenen Bedürfnissen leben. Man lebt dann in dem

Bestreben, die Bedürfnisse, die man dem anderen Menschen zuschreibt, erfüllen zu wollen. Dies führt zu Stress, da sich die verschiedensten Rollen nicht unbedingt decken. Außerdem ist es fraglich, ob die Bedürfnisse, die man den anderen Menschen zuschreibt, auch ihre tatsächlichen Bedürfnisse sind. In sich kann man Ärger, Stress oder auch Trauer darüber spüren, dass man nicht sein eigenes Leben führt. Stattdessen hat man das Gefühl, für andere Menschen zu leben.

Wenn Sie lernen und den Mut haben, Ihre Gedanken, Gefühle und Ihr Verhalten nicht mehr aktiv zurückzuhalten, sondern sich so zu zeigen, wie Sie sind, vermindern Sie das Stresslevel in Ihrem Körper. Stress führt im Körper immer zu vegetativen, endokrinen und immunologischen Prozessen und kann vermutlich langfristig zu (psychosomatischen) Erkrankungen führen. Möglicherweise spüren Sie mehr Energie in sich, wenn Sie Ihren Bedürfnissen und Erwartungen an das Leben nachgehen. Oder Sie spüren weniger Verspannungen im Körper. Oder Sie schlafen besser. Diese Erfahrungen sind äußerst individuell, Sie werden aber sicher Veränderungen spüren. Trotzdem kann keinerlei Garantie dafür gegeben werden, dass Sie durch Loslassen und das Ausleben Ihrer Persönlichkeit von allen Krankheiten geheilt werden.

Allgemein können Sie jedoch spüren, dass sich Ihre Lebensqualität verbessern wird. Sie werden spüren, dass Sie sich nicht mehr so häufig vom Alltag stressen lassen. Auch könnten Sie bemerken, dass Sie mit dem aufkommenden Stress besser umgehen. Wenn Sie loslassen und in sich innere Ruhe finden, können Sie den Herausforderungen des Alltags entspannter und ruhiger begegnen. Dies führt zu einer besseren psychischen und emotionalen Gesundheit und schlussendlich auch zu einer höheren Lebensqualität.

Wie man loslassen kann

Nun kennen Sie sowohl die Vorzüge des Loslassens als auch seine Gegner. Damit Sie das Loslassen in Ihren Alltag bringen und damit Ihr Leben erleichtern, finden Sie in diesem Kapitel übergeordnete gedankliche Konstrukte, Ideen und erste Übungsansätze. Das folgende Kapitel beinhaltet dann noch mehr konkrete praktische Übungen.

Um in die Umsetzung zu kommen, ist noch eine wichtige Einsicht notwendig: Ebenso, wie es möglich ist, den eigenen Körper durch beispielsweise Sport und Ernährung zu formen, kann jeder Mensch auch seinen Geist durch Training formen. Der Buddhismus empfiehlt, neben der täglichen Arbeit am eigenen Körper auch täglich seinen Geist zu schulen. Ziel ist es, stetig im mentalen Wandel zu sein, anstatt alte Gewohnheiten zu wiederholen.

Egal mit welchen Übungen Sie beginnen, Ihren Geist zu schulen, parallel werden Sie automatisch beginnen loszulassen.

Selbstreflexion

Die Selbstreflexion findet man heutzutage überall, sowohl im beruflichen als auch im privaten Umfeld. Zum Teil wird die Reflexion der eigenen Persönlichkeit inzwischen aber auch genutzt, um sich selbst besser zu präsentieren oder sichtbarer zu machen. Grundsätzlich dient die Selbstreflexion jedoch dazu, sich dem eigenen Selbst zuzuwenden und die eigenen Denkinhalte beziehungsweise -prozesse und Emotionen zum Objekt des Nachdenkens werden zu lassen.

Umgangssprachlich wird unter dem Begriff der Reflexion das bewusste Nachdenken verstanden. Selbstreflexion bezeichnet demzufolge die Fähigkeit des Menschen, über sich selbst nachzudenken, das eigene Denken und Handeln zu verstehen und zu überprüfen. Darauf könnte, falls notwendig, eine Veränderung folgen.

Für eine solche Auseinandersetzung mit dem eigenen Selbst ist jedoch ein Perspektivwechsel notwendig. Denn ein Betrachten der eigenen Denk- und Gefühlswelt kann nur gelingen, wenn man sich dafür in eine Fremdperspektive begibt. Dies wiederum gelingt nur, wenn man sich von dem aktuellen Bewusstseins- oder Gedankenstrom trennt. Erst dann ist im Geist genug Raum, um sich den eigenen Gedanken und Gefühlen zuzuwenden.

Die Gehirnforschung hat gezeigt, dass das bewusste Reflektieren im linken Frontallappen des Gehirns verortet ist, direkt hinter der Stirn. Wie bereits beschrieben, kann nach aktuellen Erkenntnissen nur ein sehr geringer Anteil der Prozesse im Gehirn wahrgenommen werden, etwa 5 %. Die Reflexion erfolgt also äußerst lückenhaft. Man kann in kurzer Zeit nicht seine gesamte, äußerst komplexe, Persönlichkeit mitsamt den charakteristischen Merkmalen, Gedanken und Emotionen bewusst wahrnehmen.

Die Selbstreflexion kann sehr vorteilhaft und hilfreich sein, denn sie macht Informationen, Glaubenssätze und Gedankengänge für einen selbst sichtbar und zugänglich. Teilt man diese Erkenntnisse mit anderen, kann es sowohl einem selbst als auch den anderen Menschen besser gelingen, die Erwartungen und Bedürfnisse zu erfüllen. Zudem kann sich das Erleben der Situationen verändern.

Es gibt verschiedenste Methoden zur Selbstreflexion. Grundsätzlich geht es immer darum, dass Sie sich selbst hinterfragen. Herausfinden, was Sie denken und vielleicht auch den Grund dafür finden. Spüren, welche Gefühle da sind. Sie können sich selbst sowohl gedanklich oder mündlich als auch schriftlich reflektieren. Im nächsten Kapitel finden Sie praktische Übungen, beispielsweise das Schreiben eines Tagebuchs oder das Führen von Selbstgesprächen.

Akzeptanz

Wichtig ist, dass Sie beginnen, alles, was im jetzigen Moment ist, zu akzeptieren. Wenn Sie sich selbst, so wie Sie jetzt sind, akzeptieren, beginnen Sie damit, sich anzunehmen und eine Selbstliebe zu entwickeln.

Dies gilt besonders für Ihre Gefühle. Wenn Sie Ihre Gefühle weiterhin unterdrücken und nicht wahrnehmen, stellen Sie sich mit Ihren Bedürfnissen immer hinter die Bedürfnisse der anderen Menschen und sorgen nicht gut für sich selbst.

Versuchen Sie, sich von dem Glaubenssatz zu befreien, dass nur positive Erfahrungen das Leben bereichern. Nehmen Sie stattdessen auch Leid, Trauer, Angst, Schmerz und Verlustgefühle an und machen Sie sich bewusst, dass diese Sie weiterbringen können, denn Sie bekommen die Möglichkeit, daran zu wachsen. Im ersten Moment wirkt es wie eine riesige Hürde, solche unangenehmen Gefühle anzunehmen. Wenn Sie das nächste Mal ein Gefühl in sich spüren, lassen Sie es einfach zu. Sagen oder denken Sie «Es ist okay, ich darf dieses Gefühl haben!» und versuchen Sie, nicht dagegen anzukämpfen.

Es bedarf einiger Übung, und vermutlich fühlt es sich zu Beginn erstmal unangenehm und sinnlos an, dies zu denken. Aber wenn Sie es ein paar Mal gemacht haben, werden Sie vielleicht schon den kleinen Unterschied bemerken, dass Sie Ihre Gefühle wertungsfreier annehmen können.

Betrachten Sie besonders die Wut als Signal, denn in ihr steckt viel Energie. Überlegen Sie sich einmal, wie viel Energie manche Menschen in einem Wutausbruch zeigen. Eine aufkommende Wut kann für Sie aufzeigen, dass etwas an der Situation für Sie nicht stimmt oder eine Grenze von Ihnen überschritten wurde. Versuchen Sie dabei, die Wut in der Situation zu belassen und nicht mit altem, vergangenem Wissen oder Gefühlen aus Ihrem Unterbewusstsein, welches noch nicht losgelassen wurde, zu verknüpfen.

Sie sollten immer im Hinterkopf haben, dass schmerzhafte Erfahrungen wie Krankheit oder Tod nicht kontrolliert werden können. Diese Dinge passieren einfach. Im Leben von jedem Menschen. Und dennoch kann jeder in sich selbst die Kraft entwickeln, diese Situationen auszuhalten und weiterzugehen – zumeist sogar gestärkt.

Vergebung

Vergebung kann man nicht wollen oder wünschen. Vergebung geschieht meist ganz automatisch ohne Anstrengung, wenn man das Vergangene akzeptiert. Dieser komplexe Prozess braucht Raum und Zeit und kann lediglich aktiv begonnen werden, das Ende passiert einfach so, im passenden Moment. Passender erscheint daher der Begriff der Vergebungsbereitschaft.

Um diese Bereitschaft zu entwickeln, ist es wiederum notwendig, dass Sie sich selbst annehmen. Es ist die Grundlage dafür, dass Sie einen anderen Menschen so annehmen können, wie er ist. Und erst dann kann Vergebung geschehen. Die Entwicklung der Bereitschaft zu vergeben ist ein Prozess im Inneren, bei dem man loslassen muss. Um Vergebung geschehen lassen zu können, müssen die Wünsche nach Vergeltung, Wiedergutmachung und die Schuldzuweisung losgelassen werden.

Tatsächlich muss man nicht einem anderen Menschen vergeben, damit dieser sich weiterentwickeln kann. Stattdessen ist man bereit zu vergeben, um sich selbst weiterentwickeln zu können. Man löst sich von der negativen Erfahrung, den Gedanken und Emotionen und gibt alles, was man festgehalten hat, ab. Um die Vergebungsbereitschaft zu etablieren, muss man nicht entschuldigen können. Es gibt Verhalten oder Situationen, die man nicht entschuldigen kann wie beispielsweise Missbrauch oder emotionale Gewalt. Trotzdem kann man bereit sein zu vergeben, um dieses Erlebnis loszulassen und wieder frei zu sein. Wenn man nicht bereit ist zu vergeben, bleibt man in der Opferrolle gefangen.

Es gibt ein Zitat von Nelson Mandela, welches die Kraft des eigenen Geistes und die Entscheidung zu vergeben beschreibt:

«Als ich aus der Zelle in Richtung Freiheit ging, wusste ich, dass ich meine Verbitterung und meinen Hass zurücklassen musste, oder ich würde mein Leben lang gefangen bleiben.»

Die Bereitschaft zu vergeben ist immer ein Zeichen der persönlichen Stärke, und man kann sich bewusst dafür entscheiden. Diese Entscheidung fühlt sich nicht immer leicht an, und im ersten Moment hat man vielleicht das Gefühl, dass es eigentlich nicht geht. Wenn man aber versucht, die Bereitschaft zur Vergebung nicht nur zu denken, sondern auch in sich zu fühlen, kann man sich selbst nach und nach befreien und heilen.

Man kann und sollte aber nicht nur bereit sein, anderen Menschen zu vergeben, sondern auch sich selbst und den Umständen. Sich selbst zu vergeben ist oftmals die schwierigste Übung, denn man urteilt über sich oftmals anhand engerer Maßstäbe als die, die man bei anderen Menschen zugrunde legt. Es ist wichtig, bereit zu sein, sich selbst zu vergeben, denn nur dann kann man die Bereitschaft entwickeln, auch anderen Menschen zu vergeben.

Zur Entwicklung der Bereitschaft zu vergeben kann der Gedanke helfen, dass jeder Mensch, auch man selbst, in jedem Moment das tut, was für ihn oder sie richtig erscheint, also nach bestem Wissen und Gewissen handelt. Viele Menschen, auch man selbst in früherer Zeit, sind sich der unterbewusst ablaufenden Prozesse, einengenden Glaubenssätze und Handlungsmuster nicht bewusst.

Diese übernehmen oftmals unbewusst das Steuer und beeinflussen so die Handlungen, Gedanken und Gefühle. Tatsächlich handelt in den meisten Situationen mehr das Unterbewusstsein eines Menschen, anstatt dass der Mensch bewusst handelt. Versuchen Sie, diese Information auch bei verletzendem Verhalten zugrunde zu legen und erkennen Sie an, dass ein Mensch so handelt, wie er es selbst auch erlebt hat.

Ebenso sollte man sich selbst und auch anderen erlauben, Fehler zu machen. Fehler sind menschlich und bringen einen immer weiter, auch wenn es auf den ersten Blick nicht danach aussieht.

Wenn man sich selbst gegenüber Mitgefühl empfindet, entwickelt sich eine tiefe Selbstliebe. Dann erst kann man anderen Menschen Empathie und Liebe entgegenbringen.

Die Wissenschaft hat gezeigt, dass sich die Bereitschaft zu vergeben positiv auf die seelische und auch körperliche Gesundheit auswirken kann. Möglicherweise ist dies darauf zurückzuführen, dass sich emotionale Erfahrungen, die man festhält, auch auf körperlicher Ebene manifestieren können. Der negative Stress staut sich an und kann so körperliche Beschwerden bis hin zu Krankheiten begünstigen. Wenn man bereit ist zu verzeihen, können sich diese Blockaden und Ansammlungen im Körper wieder lösen.

Vergebung selbst braucht Zeit. Es ist selten mit der Entscheidung, vergeben zu wollen, erledigt. Bis sich tatsächlich ein Gefühl der Freiheit und auch eine körperliche Besserung einstellen, muss man sich in Geduld üben und weiterhin bereits sein, zu vergeben.

Konkrete Übungen zum Loslassen

Nun kommen wir zu den praktischen Übungen, die Sie sich vielleicht von Beginn an gewünscht haben. Sie finden in diesem Kapitel zum einen Beschreibungen zu den einzelnen Begrifflichkeiten und den zugrundeliegenden Methoden, zum anderen ganz praktische Übungen, die Sie direkt ausprobieren und in Ihren Alltag integrieren können.

Nehmen Sie sich nicht zu viel vor – beginnen Sie langsam, vielleicht erst nur mit einer Übung und machen Sie diese zu Ihrer Gewohnheit. Überfordern Sie sich nicht, denn dann kommt meist schnell der Frust. Um eine neue Gewohnheit zu entwickeln, brauchen Sie und auch Ihr Gehirn Zeit, Geduld und Übung.

Ein ganz allgemeiner Tipp zu Beginn: Nehmen Sie sich Zeit für sich. Schreiben Sie sich diese Zeit fest in den Kalender, wie wenn Sie sich mit einem guten Freund oder einer guten Freundin verabreden, und vergeben Sie diese Zeit nicht an andere Termine. Denn erst wenn Sie (viel) Zeit mit sich verbringen, können Sie sich kennenlernen. Wenn Sie sich stattdessen stetig mit anderen Menschen umgeben, können Sie sich nicht auf das konzentrieren, was für Sie wichtig ist. Sie leben dann nach den Bedürfnissen und Erwartungen der anderen.

Natürlich sollten Sie sich in Ihrer Zeit für sich dann nicht virtuell mit anderen Menschen umgeben, indem Sie Fernsehen schauen, Radio hören oder Nachrichten schreiben. Machen Sie das, worauf Sie spontan Lust haben und probieren Sie auch mal etwas Neues aus. Ihr Ziel sollte sein, dass Sie sich selbst zum besten Freund werden und nicht länger ihr eigener Feind sind.

Meditation

Die Meditation ist eine Praxis aus dem Buddhismus, die immer mehr auch ohne den buddhistischen Hintergrund in den westlichen Alltag integriert wird. Es gibt bereits viele Studien zu einer Meditationspraxis bei unterschiedlichen Krankheiten, außerdem zahlreiche Meditationszentren, Podcasts, Videos und Kurs-Angebote im Internet.

Durch diese zunehmende Popularisierung werden die Begrifflichkeiten aus dem eigentlichen buddhistischen Kontext herausgenommen. Es kommt dabei zu einem Verlust an Bedeutung und die Trennung ist kaum mehr zu erkennen. In der buddhistischen Lehre werden die Begrifflichkeiten beziehungsweise Methoden nicht voneinander getrennt. Es gilt, dass nichts allein wirken kann, sondern immer nur in Kombination.

Sie werden beim Lesen der Kapitel «Meditation» und «Achtsamkeit» bemerken können, dass sich viele Inhalte überschneiden. Das liegt daran, dass beides in der buddhistischen Lehre gemeinsam existiert und eigentlich nicht parallel für sich stehen kann. Meditation und Achtsamkeit sind untrennbar miteinander verbunden. Trotzdem ist es nicht das gleiche. Es gibt zwar Achtsamkeits-Meditationen, in denen beide Methoden verbunden werden, es gibt aber auch Meditationspraktiken, die nicht mit Achtsamkeitsübungen zusammenhängen. Und es gibt Achtsamkeitsübungen, die keine Meditation sind.

Was ist Meditation?

Die Meditation wird auch Zustand des erweiterten Bewusstseins genannt. In der Meditation geht es darum, in Beziehung zu seinem eigenen Geist und Erleben zu gehen und seine Beziehung zu sich selbst zu vertiefen. Dies gelingt über die gleichen Fähigkeiten wie eine Beziehung zu anderen Menschen: Empathie, Sensibilität, Vertrauen und Respekt. Zudem geht es darum, sich zu vergessen und der Welt zu öffnen. Meditation bedeutet dementsprechend nicht, dass man entspannt, abschaltet oder loslässt. Es bedeutet, im Moment anzukommen, sich nicht durch äußere Einflüsse oder innere Denkprozesse abzulenken, sondern einfach nur da zu sein. Wichtig dabei ist, dass es keine Absichten in der Meditation gibt, es muss nichts passieren. All das, was an Gedanken, Gefühlen und Körperempfindungen aufkommt, wird friedlich zugelassen und betrachtet, ohne es zu bewerten, festzuhalten und darüber zu grübeln oder es zu vertreiben.

Arten zu Meditieren

Es gibt unzählige Arten zu meditieren. Das Darstellen aller Meditationsarten würde den Rahmen dieses Ratgebers sprengen. Manche fokussieren sich auf den Atem, andere auf die Gefühle, den Körper und die Gedanken und wieder andere konzentrieren sich auf ein bestimmtes Objekt. Die verschiedenen Arten haben Gemeinsamkeiten, aber es gibt auch erhebliche Unterschiede.

In der Praxis empfiehlt es sich, verschiedene Arten ausprobieren, vor allem wenn Sie ganz neu an das Thema herangehen. Seien Sie mutig, es gibt kein richtig oder falsch. Sie können sich auch einen Meditationslehrer suchen oder sich einer Gruppe anschließen. So können Sie sich mit anderen Menschen über Ihre Erfahrungen austauschen und Ideen für Ihre ganz eigene Meditationspraxis bekommen.

Folgen des Meditierens

Die Neurowissenschaft konnte aufzeigen, dass das Meditieren im Gehirn zu Veränderungen führt. In der Meditation geübte Menschen kommen in einen veränderten Hirnwellen-Zustand. Zudem zeigt sich, dass die verschiedenen Arten der Meditation auch im Gehirn unterschiedlich wirken. Bei Meditationen, bei denen die Aufmerksamkeit auf einen Gegenstand, ein Wort oder einen Gedanken gerichtet wird, erhöht sich die Aktivität an Beta- und Gamma-Wellen, die stets mit einem aufmerksamen, konzentrierten Geist einhergehen. Bei Meditationsformen und Achtsamkeitspraktiken, bei denen alles, was aufkommt, offen und wertfrei wahrgenommen wird, scheinen dagegen verstärkt Theta-Wellen aufzutreten, die Anzeichen für einen entspannten Geist sind.

Es gibt Studien mit buddhistischen Mönchen, die mit mehreren Stunden Meditationszeit an jedem Tag zu den Profis gehören. Die Untersuchungen zeigen, dass bei der Meditation Hirnwellen auftreten, die mit kognitiven Höchstleistungen einhergehen (sogenannte Gamma-Wellen). Diese zeigten sich im gesamten Gehirn. Die Häufigkeit und Intensität der gemessenen Hirnströme waren dabei einzigartig. Vermutlich sind diese Gamma-Wellen dafür zuständig, die verschiedenen Wahrnehmungen zu verbinden und so einen Zustand des Bewusstseins herzustellen. Zudem zeigten sich vermehrte Aktivitäten im linken Frontalhirn (direkt hinter der Stirn), welches für die Glücksgefühle zuständig ist.

Auch wenn die Dauer und Intensität der Meditation buddhistischer Mönche zunächst einengend oder beängstigend wirkt, so zeigen diese Untersuchungen, dass das Gehirn durch die Meditationspraxis neu verschaltet werden kann. Bei regelmäßiger, täglicher Meditation werden diese veränderten Hirnwellen-Zustände auch in den Alltag außerhalb des Meditierens übertragen. So wird die geistig-spirituelle Weiterentwicklung mit einem erfolgreichen und aktiven Leben, auch inmitten der Welt und nicht nur fernab im Kloster, verknüpft.

Diverse wissenschaftliche Untersuchungen, veröffentlicht in führenden wissenschaftlichen Zeitschriften, konnten weiter aufzeigen, dass die Kraft der so genannten Transzendentalen Meditation noch stärker ist. Beobachtet werden kann dabei der sogenannte «Maharishi-Effekt», der zeigt, dass das fokussierte Bewusstsein jedes einzelnen Menschen Einflüsse auf das kollektive Bewusstsein hat. In verschiedenen Studien konnten verringerte Kriminalitätsraten sowie geringere Suizidraten, eine geringere Anzahl an Autounfällen, ein Rückgang der Quote an Arbeitslosigkeit sowie eine bessere Lebensqualität nachgewiesen werden. Diese positiven Effekte ließen sich in der gesamten Stadt bzw. Region nachweisen, obwohl die Bewohner meist nichts von den Meditierenden und von den wissenschaftlichen

Untersuchungen wussten. Dieser Effekt wird in der Physik der Feldeffekt genannt. Durch die Meditation verändern sich die Energien der einzelnen Menschen. Diese veränderten Energien gehen dann über in die kollektive Energie und verändern diese ebenfalls.

Meditieren in der Praxis

Wichtig ist, dass das Meditieren Freude bereitet und unkompliziert ist. Vertrauen Sie dabei auf Ihre eigene Intuition und Ihre Bedürfnisse.

Für folgende Arten der Meditation benötigen Sie keine Hilfsmittel, sondern nur sich selbst:

- Stille-Meditation, in der der Fokus der Wahrnehmung auf der Bewegung des Brustkorbes beim Ein- und Ausatmen liegt
- Stille-Meditation mit Fokus auf etwas, was für Sie wichtig und angenehm ist (z. B. ein Satz, Wort, Bild etc.); die Konzentration auf etwas ermöglicht gedankliche Ruhe
- Achtsamkeitsmeditation, z. B. indem Sie achtsam gehen oder essen. Ich persönliche sitze beispielsweise gerne auf einer Bank am Waldrand und versuche mich auf die Geräusche, die Gerüche, das Licht etc. zu konzentrieren
- Mantra-Meditation, dabei rezitieren Sie Mantras, das sind bestimmte Wörter oder Verse

Eigentlich können Sie direkt loslegen und das Meditieren ausprobieren. Folgende Vorbereitungen sollten Sie jedoch vorher treffen:

- Suchen Sie sich einen Ort, an dem Sie sich wohlfühlen. Ohne ein Wohlgefühl gelingt es kaum, in Kontakt mit sich zu kommen, da ständig etwas stört, der Fokus schnell wieder auf diese Störung geht und man sich vielleicht darüber auch noch ärgert.
- Nehmen Sie sich ausreichend Zeit und machen Sie eine Meditation, vor allem zu Beginn, nicht «mal schnell zwischendurch».
- Suchen Sie sich einen ruhigen Ort, an dem Sie während der Meditationszeit nicht gestört werden, machen Sie die Tür zu und schalten Sie das Smartphone aus. Optimalerweise probieren Sie einige Plätze bei sich zuhause aus und entscheiden sich dann für einen festen Platz. Dann weiß Ihr Geist bereits, wenn Sie sich an diesen Platz begeben, dass nun die Meditation an der Reihe ist. Zudem können Sie sich den Platz so einrichten, dass Sie sich wohlfühlen, eventuell auch mit einer Kerze, einer schönen Pflanze oder einem Bild. Ihrer Kreativität sind dabei keine Grenzen gesetzt – machen Sie es sich so schön, wie Sie sich wohlfühlen.
- Achten Sie darauf, dass Sie gerade sitzen. Sie müssen nicht im Schneidersitz oder auf dem Boden sitzend meditieren. Sie können sich auf einen Stuhl, ein Kissen oder einen Hocker setzen – machen Sie es genau so, wie es sich für Sie gut anfühlt und wie Sie gut sitzen können. Wichtig ist, dass die Wirbelsäule aufgerichtet ist und Ihr Rücken und Becken nicht kippen oder Sie in sich einsinken. Legen Sie sich gegebenenfalls eine Decke um oder ziehen Sie sich warm an, denn wenn man friert, fühlt

man sich nicht wohl und kann sich kaum auf die Meditation einlassen.

- Nehmen Sie sich zu Beginn eine Zeitdauer vor, die Sie meditieren wollen (z. B. fünf bis zehn Minuten) und stellen Sie eine Stoppuhr oder einen Timer. Beenden Sie die Meditation nicht, auch wenn Sie große Schwierigkeiten in der Fokussierung haben sollten und viele Gedanken kommen. Versuchen Sie, sich bis zum Ablauf der Zeit immer wieder auf Ihren Atem oder Ihren ausgewählten Fokus zu konzentrieren. Ihr Geist braucht Zeit, um zu lernen, dass die Gedanken in der Meditation erlaubt sind, aber nicht im Fokus sind und nicht verfolgt werden.
- Beachten Sie, dass es im ersten Moment zu einer Verschlimmerung kommen kann: Sie setzen sich hin und wollen still sein und nichts tun, aber Sie spüren, dass Ihr Körper unruhig wird, Sie Schmerzen haben, die Gedanken rasen etc. All das kann vollkommen normal sein, denn ohne Ablenkung ist viel «leerer Raum» vorhanden, der durch diese Wahrnehmungen gefüllt werden kann. Versuchen Sie, Ihre Aufmerksamkeit immer wieder auf das zu lenken, worauf Sie Ihren Fokus gelegt haben.
- Auch das Meditieren ist eine Frage des Trainings und der Häufigkeit. Je öfter Sie meditieren, desto schneller und leichter fällt es Ihnen, ruhig zu werden und einen aufmerksamen Geist zu entwickeln. Und auch wenn Sie bereits Übung haben, es ist auch tagesformabhängig. Es gibt Tage, an denen die Aufmerksamkeitslenkung leichter fällt und andere, an denen Ihr Geist unruhig ist und versucht, die Leere durch andere Wahrnehmungen zu

füllen. Bleiben Sie dabei wachsam und beobachten Sie es, ohne es zu bewerten, fokussieren Sie sich aber stets wieder.

Grundsätzlich können Sie immer meditieren. Sie müssen dafür nicht mal die Augen schließen, es reicht vollkommen aus, wenn Sie den Fokus weg von den Sinneswahrnehmungen wie Sehen und Hören in Ihren Körper hineinführen. Das ist am Anfang eine große Herausforderung, kann Ihnen aber, mit etwas Übung, gut gelingen. Sie können so den ganzen Tag über, egal wo Sie sind, in sich hineinspüren, und eruieren, wie Sie sich fühlen und was Sie brauchen. Das kann sowohl am Arbeitsplatz, an der roten Ampel, in der Fußgängerzone als auch im Auto sein.

Weitere Tipps für erfolgreiches Meditieren

Es gibt zahlreiche kostenlose und kostenpflichtige Meditationen im Internet, sowohl auf verschiedenen Videoplattformen als auch als reine Hör-Varianten. Zudem gibt es verschiedene Meditationsapps, sowohl kostenfrei als auch kostenpflichtig, mit denen Sie die Praxis der Meditation erlernen und vertiefen können.

Falls Sie Lust haben, mit anderen Menschen gemeinsam zu Meditieren und tiefer in die Materie einsteigen möchten, schauen sich nach Meditationskursen vor Ort oder virtuell um, bei denen man sich mit anderen Menschen trifft und gemeinsam meditiert.

Probieren Sie verschiedene Arten der Meditation aus und versuchen Sie, spielerisch an das Erlernen heranzugehen. Lassen

Sie sich vor allem von niemandem vorschreiben, wie Sie genau zu meditieren haben. Machen Sie es so, wie es sich für Sie gut anfühlt, und probieren Sie auch mal etwas Neues aus. Das ist dann immer wie ein kleines Loslassen.

Achtsamkeit

Das Konzept der Achtsamkeit stammt ebenfalls aus dem Buddhismus und ist in gewisser Weise mit der Meditation verwandt. Das Verständnis dieses Begriffs hat sich aber verändert und angepasst, besonders durch die psychologische Betrachtung. Vor allem die Ziele der Achtsamkeitspraxis unterscheiden sich von denen der ursprünglichen buddhistischen Vorstellungen. Sowohl im ursprünglichen Konzept als auch in der aktuellen wissenschaftlich-psychologischen Interpretation dient die Achtsamkeit dazu, das Leiden zu lindern und das persönliche Wachstum zu fördern.

Was ist Achtsamkeit?

Es gibt keine allgemeingültige psychologische Definition der Achtsamkeit. Dies lässt deutlich werden, wie komplex und facettenreich das Konzept ist. Grundsätzlich besitzt jeder Mensch, unabhängig von Alter, Kultur oder religiöser Haltung, die Fähigkeiten, eine achtsame Haltung einzunehmen sowie achtsam zu sein.

Oftmals ist man als Mensch in einer Art Autopilot unterwegs. Man macht eine Sache, ist aber gedanklich gar nicht bei dieser, sondern denkt über andere Dinge nach. Ein Beispiel dafür ist das Autofahren. Meist denkt man währenddessen darüber nach, was als Nächstes kommt, am selben Tag noch ansteht oder aber vorher passiert ist. Man ist gedanklich aber nicht beim Autofahren.

Achtsamkeit ist hingegen das bewusste Erleben des Augenblicks. Das Ziel einer Achtsamkeitspraxis ist es, auch mit dem Bewusstsein wieder im jetzigen Moment zu sein, also beispielsweise beim Autofahren dieses bewusst wahrzunehmen. Eine achtsame Haltung ist dadurch gekennzeichnet, dass sämtliche Erfahrungen des gegenwärtigen Augenblicks offen wahrgenommen werden. Offen bedeutet dabei, dass keine Wahrnehmung bewertet wird, weder positiv noch negativ. Es geht lediglich darum, sowohl die angenehmen als auch die unangenehmen Empfindungen zu spüren. Ebenso wird das im Moment Erlebte nicht festgehalten, verstärkt oder gar versucht zu vermeiden, es wird so akzeptiert, wie es ist und darf auch wieder gehen. Die Gedanken, Gefühle und Empfindungen werden als vorübergehende mentale Ereignisse wahrgenommen, und in jedem Moment wird neu erfasst, was ist. Wichtig ist, eine mitfühlende und akzeptierende Haltung sich selbst gegenüber zu entwickeln. Achtsamkeit ist somit eine besondere Form der Aufmerksamkeitslenkung, in der der jetzige Moment im Fokus ist. Dabei werden sowohl die Gedanken an die Vergangenheit als auch die Sorgen, Ängste oder Freuden der Zukunft ignoriert.

Achtsamkeit in der Praxis

Wichtig ist, dass den wahrgenommenen Gedanken, Gefühlen und Empfindungen kein zu großes Gewicht gegeben wird. Die Handlungsfreiheit sollte nicht durch die Gedanken und Gefühle beeinträchtigt werden. Denn sie sind nicht zwingend unmittelbar handlungsleitend. Stattdessen sollte man seine Handlungen nach dem ausrichten, was gut und heilsam für einen selbst und auch die Umgebung ist. Um in eine solche offene Haltung zu kommen, ist es notwendig, sich immer wieder in sich selbst zu verankern.

Das Ziel einer achtsamen Lebensführung ist es, sich von den ständigen Bewertungsprozessen und dem ständigen Drang des Begreifens zu befreien. Eine Möglichkeit dafür ist es, innezuhalten und die eigenen Körperempfindungen wahrzunehmen. Möglich ist aber auch, sich im Innehalten auf seinen Atem zu fokussieren oder auf vorhandene Sinneswahrnehmungen.

Im Buddhismus wird davon ausgegangen, dass Achtsamkeit und Konzentration die Quellen von Freude und Glück sind. Dazu gehört auch das Loslassen. Durch das Praktizieren von Achtsamkeit erkennt man, was man loslassen sollte. Zudem bekommt man Mut, sich von diesen Anhaftungen in Form von Gegenständen, Gefühlen, Situationen, Menschen etc. zu lösen.

Gleichzeitig ist es der Überlieferung nach notwendig, dass man seine Vorstellung und Definition von Glück überprüft und möglicherweise auch loslässt. Wenn man davon ausgeht, dass man nur glücklich sein kann, wenn man ein gewisses Objekt hat (z. B. das eigene Haus oder das schnelle Auto), eine gewisse

Fähigkeit erworben hat (die Ausbildung beendet hat, Klavier spielen kann etc.) oder andere Bedingungen hat, die für einen zum Glück notwendig sind, kann man im jetzigen Moment nicht glücklich sein. Die Gefühle des Glücks und der Freude sind somit auf die Zukunft festgelegt. Lässt man diese Vorstellung los und übt sich in der Achtsamkeit, kann man in jedem Moment Glück und Freude erleben. Die Achtsamkeit hilft dabei, im gegenwärtigen Moment anzukommen und zu erkennen, dass in einem selbst und im gegenwärtigen Moment viele Möglichkeiten sind, um Freude und Glück zu finden.

Neben dem Erspüren von Glück und Freude durch die Achtsamkeitspraxis kann eine solche auch dazu dienen, mit schmerzhaften Gefühlen umzugehen und sie anzunehmen. Durch die Achtsamkeit nimmt man schmerzhafte Gefühle wahr, ohne sie zu bewerten. Wie bereits in vorherigen Kapiteln beschrieben, gehören Schmerz und Leiden zum Leben dazu. Durch das bewusste Wahrnehmen kann man beeinflussen, dass diese schmerzlichen Emotionen nicht verstärkt oder übertrieben werden. Man nimmt diese negativen Gefühle einfach wahr und akzeptiert, dass sie in diesem Moment genau so da sind, anstatt sich etwa über leichte Schmerzen unnötige Sorgen zu machen, darüber wütend zu werden oder gar Angst zu bekommen, dass man gleich stirbt.

Mithilfe der Achtsamkeit kann weiter versuchen, die negativen Emotionen in sich selbst liebevoll anzunehmen, genau wie eine Mutter ein schreiendes, weinendes Baby liebevoll in den Arm nimmt. Durch ein liebevolles Annehmen leidet man automatisch weniger.

Praktische Übungen für mehr Achtsamkeit

Eine im ersten Moment simpel erscheinende Übung ist es, das Einatmen als einatmen und das Ausatmen als ausatmen zu erkennen und die Atemzüge bis zum Ende wahrzunehmen. Folgen Sie dafür mit Ihrer vollen Konzentration dem Einatmen und anschließend dem Ausatmen. Versuchen Sie dabei nur beim jeweiligen Atemzug zu bleiben und diesen vollständig wahrzunehmen. Zu Beginn werden Sie spüren, dass Sie schnell wieder in Gedanken abschweifen oder andere Empfindungen wie Geräusche oder Gefühle spüren. Je häufiger Sie es üben, sich nur auf die Ein- bzw. Ausatmung zu konzentrieren, desto weniger werden Sie abschweifen und desto besser wird ihre Konzentrationsfähigkeit werden. Zudem werden Sie spüren, wie heilsam es sein kann, sich nur auf den Atem zu konzentrieren und so alles Vergangene und Zukünftige ruhen zu lassen, um im jetzigen Moment anzukommen. Die Konzentration und Achtsamkeit verbinden sich.

Eine weitergehende Übung kann sein, sich beim Atmen seines Körpers bewusst zu werden. Spüren Sie Ihren Atem und gleichzeitig Ihren Körper. Nehmen Sie alles wahr, was Sie spüren können, ohne es zu bewerten, zu fokussieren oder zu hinterfragen. Jede Empfindung ist okay, genau so wie sie ist. Halten Sie nicht an den Empfindungen fest, sondern lassen Sie sie wieder gehen, sodass neue Empfindungen aufkommen können.
Mit dieser Achtsamkeitsübung können Sie Ihren Körper und Ihren Geist vereinen und im gegenwärtigen Moment verankern, mögliche zuvor bestehende Zustände der Zerstreuung oder Ablenkung von sich selbst können durch den Fokus auf Atem und

Körperwahrnehmungen beendet werden. Möglicherweise spüren Sie bei dieser Übung, dass der Körper angespannt ist und Schmerzen im gesamten Körper oder nur an bestimmten Stellen vorhanden sind. Um diese Anspannungen zu lösen, können Sie versuchen, sie beim Ausatmen zu lösen. Probieren Sie also aus, was sich für Sie besser anfühlt: Anspannung lösen während der Einatmung oder während der Ausatmung. Diese Übung können Sie immer durchführen, egal ob zu Hause, unterwegs oder im Büro.

Weitere mögliche Übungen der Achtsamkeit können im Alltagsgeschehen stattfinden. Nehmen Sie sich die Situation, in der sich gerade befinden (z. B. laufen, Autofahren, Gemüse schneiden, abspülen oder putzen) und führen Sie diese mit vollem Bewusstsein aus. Nehmen Sie alles wahr, was da ist und in Ihnen aufkommt. Konzentrieren Sie sich darauf, und immer, wenn Ihre Gedanken abschweifen, fokussieren Sie sich wieder auf diese eine Situation.

Eine weitere häufig beschriebene Übung ist auch das achtsame Essen. Sie können es mit jeglichem Lebensmittel machen, auch mit Getränken ist es möglich. Nehmen Sie sich beispielsweise eine getrocknete Dattel. Nun betrachten Sie diese Dattel erst einmal genau, schauen sich die Form und Farbe, die Struktur der Oberfläche etc. an. Dann riechen Sie einmal daran. Wie riecht die Dattel? Riechen Sie ruhig mehrmals daran, vielleicht spüren Sie leichte Gerüche, die erst bei mehrmaligem Riechen deutlich werden. Anschließend nehmen Sie ein Stück in den Mund und schmecken mit voller Aufmerksamkeit. Wonach schmeckt die Dattel? Wie schmeckt Sie ihnen? Wie fühlt sie sich im Mund an?

Nach dem Schlucken verweilen Sie noch einen Moment und spüren Sie nach, was an Gefühlen im Mund verbleibt.

Wichtig ist bei all der Achtsamkeitspraxis, dass Sie nicht sich selbst als das Problem sehen. Nehmen Sie wahr, dass gewisse Strukturen von außen vorgegeben sind, und Sie nicht vor allen Tatsachen oder Problemen in die Achtsamkeit «fliehen» können. Gewisse Dinge kann man nicht ändern. Aber man kann wählen, in welcher Art man damit in Beziehung geht. Versuchen Sie, auch in solchen Situationen achtsam mit sich umzugehen, aber das Problem der Außenwelt nicht zu Ihrem eigenen Problem werden zu lassen. Lernen Sie, Ihre Aufmerksamkeit auf das zu lenken, was für Sie angenehm ist und das Unangenehme einfach hinzunehmen ohne es zu verstärken.

Tagebuch führen

Das Schreiben zu traumatischen Erlebnissen ist oftmals Bestandteil der Psychotherapie. Es zeigten sich in verschiedensten Studien positive Wirkungen auf die körperliche und seelische Gesundheit. Nachgewiesen werden konnten unter anderem ein verbessertes Wohlbefinden, z. B. weniger Ängstlichkeit, aber auch Effekte auf der körperlichen Ebene wie beispielsweise verbesserte Immunparameter sowie adäquate Blutdruck-Werte. Es zeigten sich zudem bei Kindern und Jugendlichen bessere schulische Leistungen sowie bei Berufstätigen weniger Krankheitstage. Zudem sind positive Auswirkungen im sozialen Miteinander möglich, denn negative oder traumatische Erlebnisse müssen nicht mehr ausgeblendet oder abgedeckt werden. Es ist mehr

Platz für andere Themen vorhanden, außerdem mehr Mut, sich in Kontakt mit anderen Menschen zu begeben.

Ob und inwieweit das Schreiben im konkreten Fall solche positiven Effekte mit sich bringt, kann weder versprochen noch beeinflusst werden. Trotzdem empfiehlt es sich, diese einfache Form des Reflektierens von Situationen und der Selbstreflexion auszuprobieren. Denn das Schreiben kann als Möglichkeit und Unterstützung dienen, sich selbst, seine eigenen Verhaltensweisen und Reaktionen besser zu verstehen und seine Gefühle wahrzunehmen.

Konkrete Tipps für das Schreiben

Empfehlenswert ist das Schreiben per Hand, da dabei andere Regionen im Gehirn aktiviert sind. Das Sprichwort «Von der Hand in den Verstand» meint genau diese Tatsache. Beim Schreiben mit der Hand sind höhere kognitive Prozesse notwendig, weil das Gehirn sowohl das Wort abrufen muss als auch die motorischen Programme zum Schreiben der einzelnen Buchstaben. Zudem ist auch das visuelle Erkennen beteiligt, da man den geschriebenen Buchstaben erkennt und wieder einordnet. Beim Tippen mit der Tastatur dagegen sind die motorischen Programme der unterschiedlichen Buchstaben fast identisch, nur die unterschiedlich großen Bewegungen zu den einzelnen Tasten unterscheiden sich voneinander. Das Tippen einer Taste steht nicht mehr in einem direkten Verhältnis zum geschriebenen Buchstaben. Die Gedanken und Notizen, die man sich mit der Hand macht, werden zudem stärker im Gehirn verankert, da sie, zusätzlich zur intensiven Aktivierung des Gehirns, direkt vor dem

Notieren zu einer intensiven Auseinandersetzung mit dem Inhalt führen. Man notiert nicht alles wortgetreu, sondern fasst in seinen eigenen Wörtern zusammen. Diese gewisse Langsamkeit, die das Schreiben mit der Hand im Vergleich zum Tastaturschreiben mit sich bringt, sorgt dafür, dass überhaupt Zeit für das Durchdenken ist. Alles, was bereits beim Notieren intensiv durchdacht und meist auch emotional durchlebt wird, kann später besser losgelassen werden.

Um das Schreiben als Methode auszuprobieren, können Sie sich eine Routine in Ihren Alltag integrieren. Beispielsweise schreiben Sie immer vor dem Schlafen gehen in Ihr Buch, oder aber bei einer Tasse Tee direkt nach der Arbeit. Kaufen Sie sich ein schönes Notizbuch, nehmen Sie sich einen schönen Stift, mit dem Sie gut schreiben können und etwas Zeit. Schreiben Sie dann Ihre Erfahrungen, Erlebnisse und Emotionen des Tages auf. Es gibt kein falsch oder richtig, schreiben Sie einfach das auf, was Ihnen in den Sinn kommt. Schreiben Sie möglichst ohne Pause und grübeln Sie nicht zu lange. Rechtschreibung oder Grammatik spielen keine Rolle, es geht nur darum, dass Sie Ihre Gedanken und Gefühle notieren. Der Text ist nur für Sie!

Sollten Sie sich zunächst schwertun, etwas zu notieren, können Sie sich auch eine der folgenden Fragen vornehmen, zu denen Sie etwas aufschreiben:

- Wie fühle ich mich gerade?
- Welches Erlebnis macht mich traurig?
- Worüber freue ich mich?
- Was mag ich gern in meinem Leben?
- Wage ich es, «nein» zu sagen?

- Wann bin ich in Bestform, und was brauche ich dafür?
- In welchen Bereichen meines Lebens spüre ich einen Mangel? Warum?
- Was in meinem Leben läuft richtig gut?
- Was wünsche ich mir?
- Wofür bin ich dankbar?
- Was ist/sind mein(e) Talent(e), meine Stärke(n)?
- Was erfüllt mich?
- Was denke ich gerade über mich?
- Was habe ich mir selbst heute Gutes getan?
- Was habe ich bisher erreicht, auf das ich stolz bin?
- Was begeistert mich gerade?
- Was ist mir wichtig in meiner Beziehung/Freundschaft?
- Wen bewundere ich?
- Was möchte ich lernen? Was hält mich davon ab?
- Was hätte ich gerne anders gemacht in meinem Leben?
- Was gibt mir das Gefühl, dass mein Leben sinnvoll ist?
- Was würde ich sofort tun und was lassen?

Durch das Schreiben können Sie Ihre Gedanken, Gefühle und Erinnerungen ordnen und sich so eine kohärente Geschichte formen. Sie können die Erlebnisse im Gehirn besser abspeichern und grübeln nicht mehr ständig darüber nach, sodass die geistigen Kapazitäten wieder freigegeben werden.

Außerdem kann eine für sich abgeschlossene Geschichte leichter nach außen kommuniziert werden, indem man selbst seine subjektive Form als wahr annimmt und in seine Persönlichkeit und seine Lebensgeschichte integriert. Damit ermöglichen Sie sich selbst ein authentisches Auftreten anderen gegenüber.

Positive Selbstgespräche

Viele der Gedanken, die in das Bewusstsein dringen, geschehen häufig in Form von Gesprächen, sowohl negativ wie auch positiv (z. B. man sagt zu sich selbst «Heute esse ich keine Schokolade!» oder «Puh, das war anstrengend!»). Diese Form des Denkens ist sehr häufig, meist versucht man, sich damit zu motivieren oder zu beruhigen. Negative Selbstgespräche («Das schaffe ich ja sowieso nicht.» oder «Wie dumm von mir, der Fehler kann auch nur mir passieren!») dagegen sind dazu da, sich selbst, meist ungerechtfertigt, zu verurteilen. Zugrunde liegen verschiedene Denkfehler, unter anderem die Übertreibung, Personalisierung oder das Denken in den Kategorien gut versus schlecht. Solche zerstörerischen Gedanken beeinflussen das Selbstwertgefühl und mindern die Motivation. Sie lassen sich aber durch Strategien durchaus positiv beeinflussen.

Tatsächlich sind Selbstgespräche bei Kindern noch vollkommen normal, sie reden in einem Alter von zwei bis etwa fünf Jahren häufig «vor sich hin», ohne damit jemanden ansprechen zu wollen. Das ist notwendig, damit sie die Erlebnisse des Tages verarbeiten können. Spätestens im Schulkind-Alter hören die Kinder damit auf, meist verursacht durch die Reaktionen der Außenwelt. Es lassen sich jedoch auch Erwachsene beobachten, die ihre Selbstgespräche (teilweise) laut führen. In Situationen mit anderen Menschen empfinden wir das häufig als irritierend und kommunizieren es auch so. Tatsächlich hilft aber ein Dialog mit sich selbst, egal ob laut gesprochen oder innerlich gedacht dabei, die Gedanken zu strukturieren und sich zu fokussieren.

Im Hochleistungssport ist ein Mentaltraining mit dem Fokus auf förderliche innere Selbstgespräche vollkommen normal, um die Leistung der Sportler*innen noch weiter zu verbessern.

Tipps zum Führen erfolgreicher Selbstgespräche

Um Selbstgespräche positiv zu gestalten und förderlich für das Selbstbewusstsein und das persönliche Wachstum werden zu lassen, ist es unverzichtbar, damit zu beginnen, überhaupt wahrzunehmen, was Inhalt der bisher geführten Selbstgespräche ist. Achten Sie mal darauf, was und wie Sie mit sich selbst sprechen.

Zusätzlich können Sie beginnen, positive Selbstgespräche zu etablieren. Gehen Sie mit sich selbst in Kontakt und lernen Sie sich kennen. Dann werden Sie schnell Dinge wahrnehmen, die Sie an sich mögen. Diese können Sie sich dann selbst sagen, z. B. «Du hast heute eine tolle Frisur!», «Du hast gerade gut für dein Bedürfnis nach Ruhe eingestanden!» oder «Du bist echt mutig!». Auch positive Sätze wie «Ich schaff das schon!» oder «Ich kann das!» können helfen, das Leben in jeder Situation zu akzeptieren und selbst an sich zu glauben.

Eine andere Möglichkeit ist, statt der positiven Aussagen positive Fragen zu formulieren, also statt «Ich kann das!» sich selbst «Kann ich das?» zu fragen. Das kann laut Psychologen für noch mehr Antrieb sorgen, da man sich als Antwort auf die innerlich gestellte Frage selbst die Gründe aufzeigt, warum etwas für einen selbst möglich ist.

Sie können auch in der 3. Person Singular von sich sprechen, also «sie» oder «er» nutzen. Studien haben gezeigt, dass positive Selbstgespräche in dieser Form zu einer verbesserten emotionalen Selbstkontrolle führen, indem man sich psychologisch von seiner Wahrnehmung entfernen kann.

Tatsächlich wird von der Wissenschaft empfohlen, sich nur moderate positive Sätze zu sagen, die auf ganz bestimmte Bereiche beschränkt sind, z. B. «Ich kann gut Nudeln kochen!» oder «Ich kann in meinem Büro für gute Laune sorgen!», da sehr verallgemeinerte Sätze, die oftmals im Internet oder in Ratgebern empfohlen werden, beispielsweise «Ich bin eine liebenswerte Person!» dazu führen können, dass man sich noch mehr ablehnt als vorher schon. Besser bei allgemeinen Aussagen ist dann wieder das Formulieren von Fragen «Warum bin ich liebenswert?» und auch einmal die Frage «Warum bin ich nicht liebenswert?».

Also, legen Sie los, indem Sie beginnen, Ihre Gedanken bewusst wahrzunehmen. Immer wenn Sie spüren, dass dort negative Selbstgespräche zugange sind, versuchen Sie diese abzubrechen und in positive Gespräche umzuwandeln. Parallel können Sie sich spezifische, für sich passende Sätze überlegen, um das Selbstgespräch zu beginnen. Diese Sätze können Sie sich gerne auch mal direkt in die Augen sagen – blicken Sie dafür in den Spiegel und sprechen Sie die Sätze laut aus. Lächeln Sie sich an, und sagen Sie sich alles Positive, was Ihnen spontan in den Sinn kommt. Auch wenn Sie sich erstmal komisch dabei fühlen, werden Sie merken, wie wohltuend ein solch positiver Dialog im Anblick seiner Selbst sein kann.

Entspannungsübungen

Entspannungsübungen können dazu dienen, den Körper und den Geist zur Ruhe zu bringen. Bei Entspannungsübungen müssen Sie loslassen, denn wenn Sie das nicht tun, können Sie nicht entspannen. Zu Beginn eignen sich möglicherweise eher geführte Angebote, sowohl vor Ort als auch virtuell, um das Loslassen und die Entspannungsübungen zu erlernen. Denn alleine zuhause kann es schnell frustrierend sein, wenn es einem beim ersten Mal nicht gelingt, zu entspannen. Ebenso kann die Entspannungsübung schnell wieder aus dem Alltag verschwinden, wenn einfach kein Platz bzw. keine Zeit dafür ist oder der innere Schweinehund das Loslassen vermeiden möchte.

Methoden und Tipps zur Entspannung in der Praxis

Es gibt unzählige Arten der Entspannung, und der Wunsch, an dieser Stelle alle Möglichkeiten aufzuzählen oder darzulegen wäre utopisch. Deshalb finden Sie hier eine Übersicht zu ausgewählten Entspannungsmöglichkeiten.

Schlaf

Der Schlaf ist die wohl naheliegendste und einfachste Form der Entspannung. Um wirklich tief und erholsam zu schlafen, ist es jedoch notwendig, den Körper bereits vor dem Schlafen zur Ruhe zu bringen und zu entspannen. Dafür muss man vertrauen und loslassen. Denn wenn man am vergangenen Tag, den Ereignissen und Gedanken festhält, wird man kaum einschlafen können. Viele Menschen spüren, dass sie in stressigen Phasen das Gefühl haben, nicht gut zu schlafen und gerädert wieder aufzuwachen. Man fühlt sich kaum ausgeruht, wacht häufig auf und kann vielleicht auch nicht immer wieder schnell einschlafen. Sobald man wach ist, kreisen die Gedanken über all das, was noch gemacht werden muss oder was passiert ist. Sollten Sie Mühe mit Einschlafen, bzw. Durchschlafen haben, empfiehlt es sich vor dem Schlafengehen ein Einschlafritual durchzuführen, beispielsweise ein Glas Milch mit Honig, ein paar Seiten in einem Buch lesen, sanfte Musik oder einen beruhigenden Podcast hören etc. Auch die nachfolgenden Entspannungsformen können beim Einschlafen helfen.

Massage

Eine entspannende Technik, bei der man nicht selbst aktiv werden muss, ist die Massage. Es gibt verschiedenste Formen der Massage, dabei kann man die Art wählen, die für einen selbst angenehm ist, und bei der man entspannen kann. Falls Sie keine Zeit finden, einen Termin bei einem Masseur wahrzunehmen, fragen Sie Ihre Partner*in, ob er/sie bereit ist, Ihnen eine Massage zu geben.

Atemübungen

Eine bereits beschriebene Übung zum Entspannen ist das achtsame Atmen. Wenn Sie dies einige Minuten ausführen, kann der ganze Körper und Geist zur Ruhe kommen. Möglicherweise spüren Sie, dass Ihr Atem zu Beginn nur bis in den Brustkorb geht, aber nach einigen Minuten sich auch Ihr Bauchraum öffnet und der Atemfluss in alle Bereiche des Brustkorbs einströmen kann. So können Sie ganz bewusst die Entspannung spüren. Versuchen Sie dabei nicht, den Atemfluss zu beeinflussen oder den Atem bewusst in andere Bereiche des Brustkorbs zu schicken, lassen Sie ihn einfach fließen und beobachten ihn dabei. So wird sich der Atem und mit ihm der ganze Körper selbst regulieren und so fließen können, wie es in dem Moment genau richtig für Sie ist.

Bodyscan

Eine andere Möglichkeit ist ein sogenannter «Bodyscan», ebenfalls eine Achtsamkeitsübung. Sie können sich dazu hinsetzen oder hinlegen, rein theoretisch ist auch eine Durchführung im Stehen möglich. Still zu stehen ist aber selten für den Körper entspannend. Schließen Sie die Augen und konzentrieren Sie sich auf Ihren Körper. Nehmen Sie alles wahr, was da ist. Es empfiehlt sich, mit der Aufmerksamkeit in den Füßen zu beginnen, da diese am weitesten vom Kopf entfernt sind. Bleiben Sie so lange mit der Aufmerksamkeit in den Füßen, bis die Gedanken ruhiger werden und Sie nur die Füße wahrnehmen. Dann gehen Sie langsam von den Füßen aufwärts und nehmen die anderen Bereiche Ihres Körpers wahr. Immer, wenn Gedanken kommen, konzentrieren Sie sich wieder auf Ihre Füße.

Progressive Muskelentspannung

Sehr bekannt zum Entspannen des Körpers ist die progressive Muskelentspannung nach Jacobson. Dabei spannt man zunächst einzelne Muskelpartien nacheinander an und lässt sie dann los. So soll ein insgesamt entspannter Körperzustand ermöglicht werden, mit dem ein entspannter mentaler Zustand einhergeht. Es gibt verschiedene Videos und Anleitungen im Internet mit denen man die progressive Muskelentspannung erlernen kann. Möglicherweise gibt es in Ihrer Stadt auch entsprechende Kursangebote.

Autogenes Training

Ebenso populär ist das autogene Training, bei dem durch die Kraft der Gedanken der Körper entspannt wird. Kurz ausgeführt ist das autogene Training ein Entspannungsverfahren, welches 1932 vom deutschen Arzt Johannes H. Schultz entwickelt wurde. Dieser hatte sich intensiv mit Hypnose auseinandergesetzt und kannte die Wirkung von Suggestionen. Das Ziel des autogenen Trainings ist es, sich durch eine Form der Selbsthypnose in einen Entspannungszustand zu bringen. Man gelangt also über gedankliche Konzentration zur Ruhe.

Das autogene Training (korrekt) zu erlernen ist nicht einfach. Auch ist es nicht für alle Personen geeignet. Falls Sie sich damit näher befassen möchten, empfehle ich deshalb, entsprechende Fachliteratur und/ oder Fachpersonen zu konsultieren.

Was ich hingegen guten Gewissens empfehlen kann, ist im Internet nach Videos oder Podcasts nach autogenem Training zu suchen und diese zur Entspannung nutzen. Wir legen uns also auf das Bett oder setzen uns in einen bequemen Stuhl und lauschen bei geschlossenen Augen der angenehmen Stimme des Beitrags. Ob wir dadurch tatsächlich in eine Selbsthypnose fallen oder nicht, bzw. das autogene Training «korrekt» ausführen, ist in einem ersten Schritt nicht wichtig, entscheidend ist vielmehr, dass wir uns danach entspannter fühlen.

Phantasie- und Traumreisen

Phantasiereisen oder auch Traumreisen sind eine beliebte Form der Entspannung. Man kann diese eigenständig durchführen oder aber als Aufnahme anhören. Die Ausführung ist eigentlich sehr simpel. Man stellt sich vor, an einen Ort zu reisen, der für einen selbst entspannend ist. Das kann beispielsweise ein Strand mit einem ruhigen Meer sein, eine Lichtung im Wald oder ein Wanderweg in den Bergen. Man versucht, den Untergrund unter den Füßen zu spüren, sich den Geruch des Ortes vorzustellen, die Geräusche zu hören, die Temperatur wahrzunehmen und sich ein ruhiges, inneres Bild von diesem Ort zu machen, an dem man gerade gedanklich weilt. Wichtig ist, sich nicht nur auf die Vorstellung zu beschränken, sondern es auch zu fühlen. Je intensiver diese Gefühle und Vorstellungen sind, desto tiefer kann der Geist entspannen und später neue Ideen, Verknüpfungen und Gedanken hervorbringen.

Lesen

Auch Lesen von Erzählungen und Geschichten kann die Fantasie beflügeln. Es zeigt sich in wissenschaftlichen Studien, dass Lesen zu Muskelentspannung führen kann, da das Gehirn fokussiert ist. Besonders intensive Geschichten, die einen als Leser in eine Fantasie-Welt entführen, bringen einen fern von dem Alltagsstress und den Sorgen und Nöten hin in eine andere Welt. Dabei spürt man die Entspannung schon beim Lesen, und auch anschließend kann man sich immer wieder in diese andere Welt hineinträumen. Gut wäre, wenn man sich langfristig Strategien überlegt, wie man dieses Hochgefühl, diese entspannte Lebenshaltung in den Alltag integrieren kann. Denn auch wenn kurzfristige Entspannung in einem stressigen Alltag mithilfe von Phantasie angenehm und energiegebend sein kann, sollte es doch viel eher ein Ziel sein, den Alltag so zu gestalten, dass man es auch dort erleben kann.

Weitere Entspannungsübungen

Es gibt zahlreiche weitere Entspannungsübungen. Wichtig ist dabei, dass Sie diese nicht voller Stress in eine stressige Woche integrieren, sondern sich bewusst dafür Zeit nehmen. Sie langsam und behutsam ausführen, und so Ihren Geist und Körper vom sonstigen Stresslevel herunterfahren. Es bringt wohl wenig, die Übungen als weitere To Do abzuhaken und den Anspruch zu haben, in möglichst kurzer Zeit möglichst stark zu entspannen.

Körperliche Aktivitäten

Körperliche Aktivitäten jeglicher Art, egal ob man es als Sport, Bewegung oder Arbeit bezeichnet, sind gut geeignet, um loszulassen.

Zum einen haben wissenschaftliche Studien nachgewiesen, dass jegliche Sportart die Ausschüttung von Stresshormonen senkt und zusätzlich Glückshormone ausschüttet. Festgehaltene Energie in Form von Muskelverspannungen können durch die Bewegung wieder in Fluss gebracht werden, sodass sich Verspannungen auflösen können. Und auch die Vorstellung davon, dass Bewegung bedeutet, eben nicht stehen zu bleiben und sich festzuhalten, kann möglicherweise schon ein Loslassen und sich bewegen in anderen Bereichen fördern.

Wichtig ist dabei natürlich, wie bei allem, die Freude. Wählt man eine Art des Bewegens oder auch eine Sportart aus, die einem besonders viel Spaß macht, ist die Motivation höher, sie langfristig auszuführen. Und zusätzlich entstehen noch mehr positive

Glücksgefühle im Körper, die wiederum entspannen und den Mut geben können, sich in seiner Persönlichkeit weiterzuentwickeln oder von alten Lasten zu trennen. Meist kann man bei einem intensiven Sporttraining auch kaum mehr über die Probleme und Geschehnisse des Tages nachdenken, sodass auch der Geist entspannen und loslassen kann.

In diesem Zusammenhang sollte erwähnt werden, dass in wissenschaftlichen Studien nachgewiesen wurde, dass Erlebnisse in der Natur das Stresslevel sinken lassen. Besonders Bäume haben eine beruhigende und entspannende Wirkung auf den Menschen. Aber auch andere Naturregionen wie Strand, Meer und Berge können das Entspannen unterstützen und so möglicherweise zum Loslassen anregen. Es gibt zahlreiche Beispiele an Menschen, die eine lange Reise in Form von Wandern, Pilgern oder Radfahren gemacht haben und anschließend ihr Leben komplett verändert haben. Die Natur bietet zum einen die Stille und keine Ablenkung, sodass über das eigene Selbst reflektiert werden kann, man sich selbst nahekommt und automatisch über seine eigenen Werte, Ziele und Ideen über das Leben nachdenkt. Zum anderen zeigt einem die Natur in jedem Moment die Vergänglichkeit auf sowie die damit zusammenhängende Verbindung von allem auf der Welt, aber auch die Schönheit des Augenblicks. Beim Sport oder bei Bewegung in der Natur profitiert man also nicht nur von der guten Luft, sondern die Natur unterstützt einem zusätzlich aus psychologischer Sicht.

Yin-Yoga

Die Art, wie Yoga in der westlichen Welt derzeit praktiziert wird, hat sich aus verschiedenen Einflüssen gebildet. Sämtliche Yoga-Stile wurden an die westliche Welt und den Lebensstil angepasst, und man praktiziert es stets, um einen Vorteil daraus zu ziehen. Es gibt verschiedene Yoga-Arten. Bei den meisten handelt es sich um aktive Übungen, die auf muskulärer Ebene (am sogenannten Yang-Gewebe) arbeiten. Yin-Yoga dagegen arbeitet mit den darunter liegenden Schichten wie den Bändern, Gelenken, Knochen und Faszien.

Yin-Yoga bietet den Raum, um physisch, emotional und mental zu regenerieren. Es ist eine nach innen gewandte Praxis, in der es nicht darum geht, unbedingt bestimmte Positionen einzunehmen oder zu halten, sondern in sich hineinzuspüren und nur so weit in die jeweilige Position zu gehen, wie es sich gut und gerade noch angenehm anfühlt. Es geht darum, die Positionen zu nutzen, um sich und seinen Körper zu finden. Ziele sind loslassen, das eigene Bewusstsein erweitern sowie Ausgeglichenheit und Zufriedenheit fördern und erleben.

Yin-Yoga in der Praxis

Die einzelnen Positionen, es sind im Yin-Yoga nur wenige, werden mindestens über drei Minuten gehalten. Dies kann sich beim ersten Mal sehr lang anfühlen, und möglicherweise kommt vor Beginn auch die Sorge oder gar Angst vor Langeweile auf. Wenn man diese intensiven Dehnungen einmal ausgehalten hat, spürt man hinterher meist einen äußerst positiven Effekt. Durch diese bewusste Dehnung wird die Muskulatur bis in die Tiefe hinein entspannt, es zeigen sich dabei auch entspannende Effekte in den Faszien.

Insgesamt ist das Yin-Yoga eine achtsame Yoga-Praxis, bei der jeder die Übungen auf die Art und Weise macht, wie man es kann und wie es angenehm ist. Man geht immer bis an die Grenze, die der Körper aufzeigt, man bleibt dabei jedoch nicht in einem angenehmen Körpergefühl, sondern geht durchaus über die Komfortzone hinaus. Durch das lange Halten der Positionen kommt es immer wieder vor, dass die Anspannung nachlässt und eine weitere Dehnung möglich ist und man tiefer in die Position gehen kann. Dann geht man wiederum bis an diese neue Grenze. Dazu werden Kissen, Decken und, falls vorhanden, ein Yoga-Block (zu Beginn funktioniert auch ein dickes Buch sehr gut) zur Unterstützung genutzt. Der Körper wird immer so unterstützt, dass sich die Position halten lässt, ohne zu viel Anspannung in den Körper zu bringen. Wichtig ist, die Wünsche und Bedürfnisse des Körpers wahrzunehmen und ihnen zu folgen. Der Wille des Geistes, der bei vielen Menschen immer im Vordergrund steht, wird in dieser Yoga-Praxis zwar wahrgenommen, aber ihm wird nicht gefolgt.

Während des Haltens der Positionen spürt man in sich hinein und nimmt den Körper wahr: wo fühlt es sich gedehnt an, wo wird etwas zusammengedrückt und wo ist der Körper gedreht? Zudem konzentriert man sich immer wieder auf die Atmung und zieht sich so von den äußeren Einflüssen in seinen Körper zurück. Man lässt so eine geistige Stille entstehen, indem man im Körper durch die Dehnung Raum schafft.

Yin-Yoga bietet sich hervorragend an, um auf körperlicher und auch mentaler Ebene loszulassen. Sie können es quasi immer und überall praktizieren. Allerdings sollte man sich dafür nicht zu dünn kleiden, denn ins Schwitzen kommt man bei dieser Yoga-Form nicht.

Weitere individuelle Ideen zum Loslassen

Es gibt sicher unzählige weitere Ideen und Methoden, um loszulassen - sowohl auf der körperlichen Ebene als auch auf der mentalen Ebene. Seien Sie kreativ, und probieren Sie verschiedene Möglichkeiten aus. Finden Sie nachfolgend weitere Möglichkeiten und Methoden, die Sie beim Loslassen unterstützen.

Verbrennen von Gedanken

Es gibt Menschen, die sich durch das Verbrennen von Gedanken besser davon lösen können. Dazu sammelt man über den Tag oder die Woche alle negativen Gedanken auf kleinen Zetteln. Diese werden dann in einer feuerfesten Schale verbrannt. Währenddessen nimmt man sich bewusst vor, sich von jedem einzelnen dieser Gedanken zu lösen und all das Negative durch Positives zu ersetzen.

Einen Stein vergraben
Eine ähnliche Möglichkeit ist es, sich einen Stein zu suchen und diesen in die Hand zu nehmen. Dabei denkt man an all das, was einen gerade belastet und gibt diese Gedanken und Gefühle in den Stein hinein. Anschließend vergräbt man den Stein im Garten, Park oder am Strand mitsamt der Last. Man versucht, mit der Situation mit sich selbst wieder in Einklang zu kommen und im jetzigen Moment Frieden zu finden.

Neues Hobby beginnen
Eine gute Idee zum Loslassen ist es, ein neues Hobby zu beginnen oder ein altes Hobby wieder aufzugreifen. Bei der intensiven Auseinandersetzung mit vollkommener Hingabe, die bei einem Hobby selbstverständlich sein sollte, denn sonst wäre es eine Pflicht und keine Kür, kann der Geist entspannen. Zudem können Sie neue Ideen sowie Gedanken entstehen lassen und Fähigkeiten erlernen. Dabei sollten Sie aber bedenken, dass Sie die Gedanken und Gefühle größtenteils lediglich vertagen. Sie sind dadurch nicht weg. Aber vielleicht bekommen Sie durch die Aktivität oder den Austausch mit anderen Menschen neue Inspirationen, Gedanken und Ideen zur Lösung oder auch den Mut, um weiter loslassen zu können. Durch das Erlernen von etwas Neuem werden im Gehirn neue Verbindungen geknüpft. Wenn es mit Freude und Hingabe geschieht, sind diese deutlich stabiler und verzweigter. Dies kann so auch zu einem persönlichen Wandel und Wachstum führen.

Musik hören und Tanzen
Auch Musik hören kann zum Loslassen anregen, beispielsweise ein Lied, welches Sie zum Tanzen anregt. Tanzen Sie dann einfach ganz nach Lust und Laune, nur für sich, genau so wie es sich gerade

richtig anfühlt. Es kommt nicht darauf an, dass Sie nachdenken, wie das jetzt wohl aussieht. Die Hauptsache ist, dass es sich gut anfühlt (Stichwort «Dancing like no one's watching»). Oder Sie hören ein ruhiges Stück und konzentrieren sich nur auf das Zuhören. Beim Zuhören oder Tanzen kann Ihr Geist wieder ruhiger werden, Sie können den Stress und die Gedanken loslassen und in sich und der Musik ankommen.

Musik machen

Selbst Musik zu machen kann sogar im Gehirn ähnliche Zustände wie die Meditation oder Achtsamkeitspraxis hervorrufen. Das liegt daran, dass im Gehirn ebenso Belohnungs- und Motivationssysteme aktiviert werden, die zu einer Ausschüttung an Botenstoffen führen. Diese wiederum führen zu einem angenehmen Körpergefühl und bestätigen das Gefühl der Selbstwirksamkeit. Wenn Sie Freude an der Musik haben, könnten Sie ausprobieren, mit anderen Menschen zu musizieren oder ein Instrument zu erlernen.

Aromatherapie

Wenn Sie gerne Düfte mögen, können Sie sich mit der Aromatherapie befassen. Düfte wirken auf das vegetative Nervensystem und können so eine direkte Wirkung haben. Es gibt Düfte, die entspannend wirken können (bspw. Lavendel), andere wiederum haben eine beruhigende Wirkung. Wenn Sie es mögen, können Sie ein wenig herumprobieren. Sollten Sie ein gewisses Allergiepotential, eine Überempfindlichkeit gegenüber Gerüchen bzw. Düften oder eine empfindliche Haut haben, ist der Umgang damit vielleicht eher nicht geeignet. Seien Sie ebenso vorsichtig, wenn Sie (kleine) Kinder haben, denn Düfte können die Atemwege reizen.

Tees ausprobieren

Wenn es Ihnen um den Aspekt der Entspannung geht, können Sie natürlich auch Tees aus beruhigenden Kräutern, beispielsweise Lavendel oder Hopfen, trinken und sich dafür bewusst Zeit nehmen. Möglicherweise kombinieren Sie diese Teezeremonie mit anderen Übungen, etwa dem Tagebuch schreiben oder dem positiven Selbstgespräch und reflektieren bei einer Tasse Tee Ihr Leben und Ihre Persönlichkeit.

Wie man Fortschritte beim Loslassen misst

Wenn Sie beginnen, loszulassen, werden Sie schnell merken, dass Sie sich anders fühlen. Versuchen Sie, diesem Gefühl zu vertrauen, auch wenn es sich erst einmal ungewohnt anfühlt.

Nun fragen Sie sich aber vielleicht, ob man auch objektiv erkennen kann, dass Sie erfolgreich loslassen?

Eine gute Möglichkeit ist es, sich eine Vertrauensperson auszusuchen, der man die Pläne vom Loslassen erzählt. Es ist dabei vollkommen egal, ob Sie Ihren Partner oder Ihre Partnerin, einen engen Freund oder eine enge Freundin oder aber einen eher entfernten Bekannten wählen. Suchen Sie sich eine Person aus, bei der Sie sich wohlfühlen und bei der Sie das Gefühl haben, dass Ihr Wandel und Ihre Veränderung akzeptiert und vielleicht sogar unterstützt wird. Möglicherweise ist das im engsten Kreis (Familie oder Freunde) zu Beginn nicht unbedingt der Fall, denn den meisten Menschen macht eine Veränderung erst einmal Angst. Wenn man sich verändert, passt man nicht mehr in das Bild und in die Rolle, die man bisher eingenommen und zugeschrieben bekommen hat. Prüfen Sie also gut, welcher Mensch Sie in Ihrem wahren Sein und wandelbaren Leben unterstützen kann.

Bereits durch das sprachliche Formulieren und Aussprechen kann man selbst seine eigenen Wünsche, Gedanken und Gefühle dazu reflektieren. Vorher hat man nur darüber nachgedacht, aber durch das Aussprechen kommt man ins Handeln. Zudem hat man eine Person, die einen regelmäßig an das Loslassen erinnern kann.

So ist auch eine Rückmeldung von einem anderen Menschen möglich.

Egal in welchem Bereich man sich für ein bewusstes Loslassen entscheidet, auch die anderen Bereiche kommen damit automatisch in Fluss und eine Veränderung der gesamten Persönlichkeit beginnt. Wenn man sich beispielsweise vornimmt, alte Kleidung und Kinderspielzeug der inzwischen erwachsenen Kinder wegzugeben, die daran kein Interesse mehr haben, entscheidet man sich für ein bewusstes Loslassen auf materieller Ebene. Gleichzeitig muss sich aber etwas im Bereich der Gedanken und Emotionen mit verändern, denn wenn man sich in diesem Bereich nicht wandelt, kann man nicht voller Freude und Enthusiasmus die alten Dinge loslassen. Man muss den Willen haben, wieder im gegenwärtigen Augenblick leben zu wollen und die Erkenntnis spüren, dass das Festhalten alter Gegenstände lediglich Ballast ist und wenig positiven Einfluss auf das Dasein, Denken und Fühlen im jetzigen Moment hat. Gleichzeitig zu diesem materiellen Loslassen und emotionalen bzw. gedanklichen Wandel erfolgt auch eine Veränderung im Verhalten. Man beginnt, Gegenständen grundsätzlich einen anderen Wert beizumessen als vorher und hinterfragt vielleicht häufiger, ob man dieses Teil überhaupt (noch) braucht. Somit verändert sich der Umgang damit, man übt intuitiv eine neue Verhaltensweise ein.

Veränderungen in den Gedanken und Gefühlen

Die Veränderungen in den Gedanken und Gefühlen zu messen ist eine eher diffizile Angelegenheit. Die eigene Wahrnehmung kann einem dabei als subjektives Kriterium dienen, allerdings sollte man stets im Hinterkopf behalten, dass das menschliche Gehirn ein Lügner sein kann. Es erinnert nur wenige Teile, die für einen wirklich von Bedeutung waren, und verstellt so die tatsächliche Wahrheit. Jeder Mensch hat eine individuelle subjektive Wahrheit.

Sicherlich können Sie auch durch andere Menschen Ihre Fortschritte rückgemeldet bekommen. Beispielsweise wenn der Kollege oder die Kollegin sagt, dass man neuerdings immer alles positiver sieht, früher sei man doch eher der Pessimist gewesen. Seien Sie bei Gesprächen bewusst anwesend und achten Sie auf die Aussagen, vielleicht bekommen Sie so (ungefragt) positive Rückmeldungen.

Eine gute Möglichkeit, um selbst zu erleben, inwieweit sich die Gedanken und Emotionen verändern, ist das Führen eines Tagebuchs, wie im vorhergehenden Kapitel bereits ausführlich dargelegt. Vielleicht machen Sie es sowieso schon länger, und auch wenn Sie jetzt erst damit anfangen sollten: Sie können jederzeit zurückblättern und lesen, was Sie erlebt, gefühlt und gedacht haben. Bereits nach wenigen Einträgen können Sie Ihre unterschiedlichen Gemütszustände erkennen, und vielleicht auch einen Wandel in den Gedanken und Gefühlen wahrnehmen. Natürlich sind die Einträge äußerst subjektiv und würden in einem anderen Moment am selben Tag vielleicht auch anders aussehen oder klingen. Trotzdem spiegelt jeder Eintrag einen Teil des eigenen Erlebens und Wahrnehmens wider und kann so mit vielen Einträgen zusammen ein grobes Bild der derzeitigen gedanklichen und emotionalen Verfassung darstellen.

Veränderung im Verhalten

Die Veränderungen in Ihrem Verhalten werden Sie vermutlich selbst schnell bemerken.

Auch wenn Sie sich nicht bewusst vornehmen, etwas verhaltensbezogenes loszulassen, sondern vielleicht zunächst damit beginnen, Gegenstände abzugeben, können Sie eine Veränderung im Verhalten bemerken. Wie Sie bereits im Kapitel zum theoretischen Hintergrund lesen konnten, hängt das Verhalten eng mit den Gedanken und Gefühlen zusammen. Zum einen wird das Verhalten durch Glaubenssätze, Gedanken und Gefühle gesteuert, gleichermaßen sorgt das Verhalten aber wiederum für neue Gedanken und Gefühle, die mit der Zeit zu neuen Glaubenssätzen werden können. Egal in welchem Bereich Sie beginnen, loszulassen und eine Veränderung anzustreben, werden Sie immer auch, mit der Zeit, automatisch Veränderungen im Verhalten entwickeln.

Die Veränderungen des eigenen Verhaltens können in Interaktionen mit anderen Menschen und in Beziehungen (egal ob familiärer, freundschaftlicher oder beruflicher Art) zunächst erst einmal zu Reibungen führen. Denn die einzelnen Beteiligten haben meist eine gewisse Erwartung, wie der andere Mensch denkt, fühlt und handelt. Wenn man nun anders als erwartet reagiert, kann darauf Unverständnis, Angst und vielleicht auch Wut folgen. Wenn Sie in solche Situationen geraten (und das wird unabdingbar auf Sie zukommen), versuchen Sie, geduldig zu bleiben. Behalten Sie aber Ihren neuen Standpunkt bei, ohne darauf zu beharren. Wenn Sie ständig wieder in das alte

Verhaltensmuster zurückfallen, können Sie das neue nicht erlernen, verfeinern und anpassen. Außerdem können die Menschen in Ihrem Umfeld sich nicht darauf einlassen, dass Sie sich wandeln. Und das Einlassen auf einen Wandel braucht Zeit, ebenso wie der Wandel selbst Zeit braucht.

Erfolge bei der Umsetzung von Zielen

Eine weitere Möglichkeit ist es, sich selbst Ziele zu setzen. Dafür formuliert man möglichst konkrete Ziele, die man auch eindeutig erreichen kann. In den verschiedensten Disziplinen und in der Geschäftswelt hat sich dabei die sogenannte S.M.A.R.T.-Formulierung durchgesetzt. Die einzelnen Akronyme stehen dabei für Eigenschaften, die das Ziel haben sollte: «S» für spezifisch, «M» für messbar, «A» steht für aktiv beeinflussbar bzw. attraktiv, «R» für realistisch und «T» für terminiert. Das formulierte Ziel sollte dementsprechend für einen selbst von Bedeutung sein und ganz konkret ausformuliert sein, sowohl im Hinblick auf den Zeitraum, in dem man es erreichen möchte als auch auf den Inhalt, also das, was man erreichen möchte. Nur bei solchen konkreten Zielen kann man einschätzen, ob man sie erreicht hat. Ein kleines Beispiel macht es deutlich: «Ich miste bis zum Ende der Woche meine drei Küchenschränke aus und gebe mindestens 20 Teile weg.» ist erreichbar, das unkonkrete Ziel «Ich miste aus.» dagegen kaum. Vielleicht fällt Ihnen auf, dass sich viele Menschen im Alltag ständig solche unkonkreten, allgemeinen Ziele setzen. Sich konkret zu überlegen, was man genau erreichen möchte, fällt den meisten Menschen schwer. Allerdings ist das wichtig, um die eigene Motivation und die Veränderungsgründe in sich zu finden.

Probieren Sie es mal aus; man spürt deutlich, dass ein konkretes Ziel viel mehr Energie und Motivation in einem auslöst als ein allgemeines Ziel, bei dem man gar nicht so genau weiß, wie man es eigentlich erreichen kann und was genau man eigentlich möchte. Denn ein Ziel, welches möglich ist tatsächlich zu erreichen, erhöht die Motivation zur Umsetzung. Dies geschieht allerdings nur, wenn das Ziel einen selbst anspornt. Wenn man sich ein Ziel setzt, für welches man sich kaum oder gar nicht anstrengen muss, ist die Motivation deutlich geringer, als wenn man sich ein erreichbares Ziel setzt, welches einen auch fordert.

Wenn Sie sich solche konkreten Ziele setzen möchten, überlegen Sie genau, was wirklich messbar ist. Inwieweit können Sie tatsächlich messen, ob Ihre Gedanken sich verändern? Man mag noch das Ziel formulieren und erreichen können, mindestens zweimal täglich ein positives Selbstgespräch zu führen, aber eine allgemeine mentale Veränderung ist deutlich schwieriger zu messen als ein physisches oder materielles Loslassen.

Sollten Sie sich dazu entscheiden, Ziele zu formulieren, dann können Sie regelmäßig Ihren Erfolg beim Loslassen messen. Und spüren, dass Sie vorankommen, oder vielleicht auch in welchem Bereich es für Sie noch schwierig ist. Überlegen Sie sich Ziele, die für Sie wirklich relevant sind, und orientieren Sie sich dabei nicht an anderen Menschen. Denn nur dann haben die Ziele die Energie, die Sie benötigen, um loszulassen und sich zu verändern.

Hindernisse beim Loslassen

So sehr Sie im jetzigen Moment, beim Lesen dieses Buches, vielleicht voller Motivation und Veränderungswille sind, so sicher können Sie sich sein, dass eine Veränderung immer zumindest kleine Hindernisse beinhaltet. Denn wenn es so einfach wäre, würde sich ja jeder ständig verändern können. Vermutlich wäre das Loslassen und die eigene Veränderung dann auch deutlich mehr in der Gesellschaft etabliert und anerkannt.

Ein großes Hindernis bei vielen Menschen ist, dass man sich zwar ein Ziel setzt, aber nicht bereit ist, zu wachsen und sich zu verändern. Dies widerspricht sich, ist dem Großteil der Gesellschaft jedoch nicht bewusst. Man muss sich von etwas in dem «alten Ich» lösen und bereit sein, zu lernen. Nur wenn man diese Bereitschaft hat, kann man sich verändern und loslassen. Fragen Sie sich also stets, ob Sie wirklich dazu bereit sind, sich zu verändern! Fragen Sie sich auch, wo und wie Sie wachsen müssen, um Ihr Ziel zu erreichen. Vielleicht finden Sie dafür nicht immer konkrete Antworten, aber indem Sie sich diese Frage immer wieder stellen, erweitern Sie Ihren Geist für neue Möglichkeiten und Ideen und geben sich selbst die Möglichkeit zu wachsen.

Dieses Kapitel beschreibt einige Hindernisse, die beim Loslassen oder bei der persönlichen Weiterentwicklung auftreten können. Es ist aber durchaus möglich, dass Sie bei sich selbst weitere Hindernisse spüren, die hier nicht beschrieben sind. Die auftretenden Hindernisse sind, wie eigentlich alles im Leben, äußerst individuell.

Angst vor Veränderung

Allgemein herrscht in der Gesellschaft viel Angst vor Veränderung, in jeglichem Bereich ist dies zu beobachten. Schon die Aussage «Früher war alles besser» zeigt, dass die Menschen sich kaum auf etwas Neues einlassen können und wollen, also kaum ein Wille und eine Bereitschaft zur Veränderung besteht.

Möglicherweise liegt das unter anderem daran, dass man durch die ständige Bewertung, welche in der Gesellschaft alltäglich ist, sehr genau weiß, wer und wie man ist. Man weiß, wer einen mag und warum und mit wem man nicht gut kann. Gleichzeitig hat man eine klare Meinung darüber, was gut und schlecht ist. Diese absolut wirkenden Bewertungen können einen Menschen hemmen, etwas loszulassen, denn dann wird man automatisch durch die Gesellschaft neu bewertet. Und das (unbewusste) Ziel der meisten Menschen ist es, gemocht und anerkannt zu werden. Wenn ich mich verändere, kann ich aber nicht sicher sein, dass die Gesellschaft das als gut anerkennt.

Insgesamt sollte man versuchen, sich gedanklich von dem Bewertungsdrang zu lösen. Denn jeder Mensch bewertet vollkommen subjektiv, nach den eigenen Erfahrungen, Vorstellungen und Empfindungen. Das bedeutet, dass ein Mensch die Veränderung vielleicht tatsächlich für gut befindet, weil er selbst dieses Verhalten für tugendhaft hält oder man einen Schritt in dieselbe Richtung macht, ein anderer Mensch die Veränderung aber kritisch sieht, weil er oder sie das Gefühl hat, dass man sich von ihm bzw. ihr und seiner bzw. ihrer Person entfernt, und die

Entwicklung vielleicht sogar in eine Richtung verläuft, die er oder sie nicht für gut befindet.

Gleichermaßen sollte man dieser Angst positiv entgegenblicken. Denn jede Entwicklung, egal welcher Art, ist durch Angst begleitet. Wenn man sie als Begleiter ansieht und nicht als Hindernis, schenkt man ihr weniger Aufmerksamkeit und lässt sich nicht an seinem Weg hindern. Bekommt die Angst (zu) viel Aufmerksamkeit, kann sie lähmen und für ein Festhalten sorgen. Sie kann einem aber im Falle der Wahrnehmung als Begleiter auch neue Kraft geben und einem zeigen, dass man so viel mehr erreichen und schaffen kann als man sich selbst bewusst und unbewusst zugetraut hätte.

Oftmals wandelt sich die Angst, die am Anfang von Veränderungen spürbar ist, im Verlauf zu Neugier, Abenteuerlust oder Veränderungsfreude. Sehen Sie sie deshalb lediglich als Begleiter, der aber keinen Fokus bekommt und vor allem nicht das Steuer übernimmt.

Unsicherheit

Sie können beim Loslassen von Menschen und Beziehungen durchaus eine Unsicherheit dahingehend spüren, plötzlich allein zu sein. Die Angst vor einem Verlassenwerden oder Alleinsein erklärt sich aus der Evolutionsgeschichte des Menschen, denn wie bereits in anderen Kapiteln beschrieben, waren die Überlebenschancen des Menschen in einer Gruppe stets besser als allein. Zudem benötigt der Mensch Interaktionen und Beziehungen, um emotionale Nähe zu spüren.

Wichtig ist, dass Sie diese Unsicherheiten und Ängste anerkennen. Es ist vollkommen okay (und fast schon selbstverständlich), dass solche Gefühle aufkommen. Denn Sie versuchen, sich von etwas zu lösen, was bisher vollkommen alltäglich und «normal» für Sie war.

Vertrauen Sie sich selbst und dem Leben. Sie können auch in eine höhere Macht vertrauen, ganz wie es für Sie stimmig ist. Versuchen Sie, dieses Vertrauen zu etablieren und die Unsicherheit und Angst als Begleiter anzuerkennen, ihnen aber kein Gewicht zu verleihen. Auch das ist bereits eine Übung im Loslassen: Lassen Sie Ihre gewünschte und bekannte, bisher gelebte Macht über das Leben los und üben Sie sich darin, dass das für Sie richtige kommt, an dem Sie lernen und wachsen können.

Zweifel

Sie können neben der Unsicherheit und Angst auch Zweifel an der Entscheidung, etwas loszulassen, spüren. Vielleicht kommt dieses Gefühl auf, wenn Sie ein Ziel nicht erreichen und Sie das Gefühl haben nicht voranzukommen, oder aber wenn Sie plötzlich innerlich auf eine neue Ebene kommen und merken, dass dort auf einmal andere (mentale) Probleme sind als bisher wahrgenommen. Oder aber Sie spüren, dass Ihr Umfeld Sie nur kritisiert und zweifeln deswegen an Ihrem neuen Weg.

Wichtig ist, dass Sie immer daran denken und auch entsprechend handeln, dass jeder (erwachsene) Mensch für sein eigenes Leben verantwortlich ist. Sie sind nicht für das Glück und Leben Ihres Partners oder Ihrer Partnerin, Ihrer Kinder oder Freunde verantwortlich, sondern nur für Ihr eigenes. Genauso kann Ihnen niemand Glück und einen perfekt geebneten Lebensweg geben, denn wenn das so wäre, wären Sie von diesem Menschen vollständig abhängig. Wäre der Mensch plötzlich nicht (mehr) da, würde Ihr Leben zusammenbrechen.

Zweifel sind okay, genauso wie negative Emotionen, und müssen wahrgenommen werden. Wenn Sie sich aber Ihrer Freiheit und Gestaltungsmöglichkeiten bewusst sind und Ihr eigenes Leben jetzt selbst in die Hand nehmen wollen, bekommen die Zweifel einen gewissen Dämpfer. Natürlich sollen Sie nicht allen Menschen vor den Kopf stoßen, aber wenn Sie Ihre Grenzen in einem liebevollen, wertfreien Dialog in Ich-Formulierungen aufzeigen, werden sich die meisten Menschen Ihres Umfeldes nach einer gewissen Eingewöhnungszeit daran gewöhnt haben und Ihre neuen Grenzen selbstverständlich anerkennen.

Machen Sie sich außerdem bewusst, dass Veränderungen Zeit benötigen. Eine Veränderung, ein Loslassen, ein Wachstum geschieht nicht von jetzt auf gleich. Sie können es wieder mit einem Bild in der Natur vergleichen. Wenn man ein Samenkorn in die Erde steckt, benötigt es Zeit, ehe es keimt. Und auch dann braucht es wieder Zeit, bis es tatsächlich zu einer stattlichen Pflanze heranwächst. Außerdem braucht es Wasser und vielleicht später auch mal Dünger. Geben Sie sich die Zeit und wässern und düngen Sie täglich Ihre Vorhaben. Erinnern Sie sich dafür an Ihr

Ziel und versuchen Sie, jeden Tag eine kleine Veränderung dafür zu leben. Wenn Sie dabeibleiben, die Prioritäten für sich und Ihr Ziel setzen, und es in den Alltag integrieren, werden Sie nach einiger Zeit Veränderungen spüren. Die Beständigkeit bekommt irgendwann eine gewisse Eigendynamik und führt dazu, dass viel mehr losgelassen und verändert werden kann als vorher erwartet.

Fehlende Motivation

Viele Menschen setzen sich (vor allem zu Beginn des neuen Jahres) Ziele, die aber nur sehr selten tatsächlich erreicht werden. Meist liegt das an der fehlenden Motivation. Die Motivation fehlt vor allem, wenn andere die Ziele für einen setzen oder wenn man sich zwar selbst die Ziele setzt, aber eigentlich nur, weil andere sich ebenfalls in diese Richtung verändern und man mitmachen soll (beispielsweise eine vegetarische Ernährungsweise etablieren, weil der Partner das auch macht). Oder aber wenn man denkt, das könnte man auch mal ausprobieren. Wenn die echte, intrinsische Motivation (die in einem selbst ist ohne äußere Faktoren) fehlt, können die Ziele nicht erreicht werden.

Wie im vorherigen Kapitel bereits beschrieben, kann man sich durch konkrete Zielformulierungen motivieren. Auch das tatsächliche, messbare Erreichen des Ziels kann einem einen kräftigen Motivationsschub für eine weitere Entwicklung und ein neues Ziel geben.

Damit Sie wirklich voller Motivation, die automatisch Energie und Enthusiasmus mit sich bringt, Ihre Ziele erreichen können, ist es wichtig, dass Sie sich bei jedem Ziel die Frage stellen, warum Sie es erreichen wollen. Stellen Sie sich die Frage, warum dieses Ziel so wichtig für Sie ist. Sie müssen den wahren Grund für Ihre Veränderung in sich finden und nicht in anderen Menschen oder gesellschaftlichen Vorgaben. Denn dann hätte das Ziel für Sie persönlich kaum Bedeutung und wird vermutlich nur sehr schwer und voller Zwang erreicht werden. Wenn Sie aber in sich Ihren Grund für die Veränderung finden, dann haben Sie immer Energie in sich, um für das Ziel einzustehen und Schritte in Richtung des Ziels zu machen.

Versuchen Sie dafür, sich nicht den Kopf über das «Warum?» zu zerbrechen, sondern befragen Sie eher Ihren Körper, Ihr Herz und Ihren Bauch. Wo Sie in sich Antworten fühlen, kann sehr individuell sein. Der Kopf ist durch die Gedanken, Erfahrungen und Glaubenssätze voreingenommen und bringt meist beim Nachdenken Ergebnisse, die ihm entsprechen, aber nicht Ihrer eigentlichen Persönlichkeit (z. B. dass ein Job im Angestellten-Verhältnis viele Vorteile hat, die überwiegen; gleichermaßen spüren Sie aber, dass Sie sich damit einfach nicht wohlfühlen). Die Antworten auf das «Warum?» können Sie in sich, in Ihrem Körper finden. Da liegen die wahren Gründe zum Loslassen und zur Veränderung meist verborgen. Wenn Sie sich bewusst darauf einlassen, in sich hineinzuhören und zu spüren, werden Sie in den unterschiedlichsten Situationen Zeichen spüren und erkennen, die Sie als Wegweiser nutzen sollten.

Auch wenn Hindernisse aufkommen, es schwierig wird oder Sie das Ziel kurzfristig durch den Alltagsstress aus den Augen verlieren, können Sie sich stets zurückbesinnen auf die Energie und Kraft in Ihnen. Sie bekommen dann neue Power, um weiter Ihrem Ziel entgegenzugehen.

Wie man mit Rückschlägen umgeht

Genauso wie negative Emotionen sind auch Rückschläge keine Seltenheit, wenn man sich dazu entscheidet, loszulassen und persönlich zu verändern. Dies liegt daran, dass Gewohnheiten lange, zum Teil lebenslang, erlernt und ausgeführt wurden. Es sind quasi Handlungsautomatismen geworden, über die man nicht mehr nachdenken muss, die einfach so geschehen. Es ist wichtig, dass man deswegen behutsam mit sich selbst umgeht und sich bei Rückschlägen nicht selbst kasteit, bestraft oder beschimpft. Es ist ein Lernprozess, und beim Lernen muss man noch nicht der perfekte Profi sein, sondern darf auch mal Fehler machen. Das gehört zum Lernen dazu und bringt einen in der Regel weiter.

Wichtig ist, dass Sie erkennen, dass es Ihre Entscheidung ist, wie Sie mit den Rückschlägen umgehen. Sie können sich dazu entscheiden, diese beispielsweise als Anschub für das Neue und als hilfreiche Lernerfahrung zu sehen, Sie können aber auch verärgert darüber sein, dass Sie noch im Alten hängen. Das ist allein Ihre Entscheidung, und selbst wenn der Geist im ersten Moment die negativen Gedanken hervorruft, können Sie bewusst «Stop!» sagen oder denken und die Sichtweise ins Positive verändern.

Sich selbst ermutigen

Versuchen Sie stets, sich selbst zu ermutigen. Machen Sie sich bewusst, wie großartig Ihre Entscheidung für das Loslassen ist, und dass bereits das Treffen dieser Entscheidung Ihr Leben wieder in Bewegung gebracht hat. Sie können dies selbstverständlich auch in Form eines positiven Selbstgespräches machen.

Werden Sie sich zudem bewusst, dass Sie nicht an diesem Punkt in Ihrer persönlichen Entwicklung und Ihrem Leben wären, wenn Sie nicht die bisherigen Erfahrungen gemacht hätten. Es ist niemals so, dass man Lebenszeit vergeudet. Man macht immer Erfahrungen, die einen weiterbringen. Erkennen Sie dies an und ermutigen Sie sich damit, dass Sie sich jetzt bewusst dafür entschieden haben, neue Erfahrungen zu machen.

Vielleicht kommt Ihnen die Idee, sich eine Art Belohnungssystem ausdenken, um Ihre Ziele zu erreichen. Dies ist in der heutigen Gesellschaft überall vorzufinden, von der Kindererziehung bis zum Einkaufszentrum. Es ist dann jedoch die Frage zu stellen, warum Sie Ihre Ziele erreichen wollen. Geht es Ihnen wirklich darum, Ihr Ziel zu erreichen und ist es für Sie von Bedeutung? Oder geht es Ihnen stattdessen darum, die Belohnung zu bekommen, die Sie sich selbst versprochen haben, wenn Sie das Ziel erreichen? Das sollten Sie sich gut überlegen, bevor Sie eine solche Strategie anwenden. Wenn das Ziel wirklich aus Ihrem Inneren kommt und für Sie eine wahre Bedeutung hat, ist eine solche Motivation von außen in der Regel nicht notwendig.

Sich an Unterstützung erinnern

Denken Sie daran, dass Sie ohne Beziehungen zu anderen Menschen, Interaktion und Unterstützung nicht überleben könnten. Sprechen Sie mit Menschen und vertrauen Sie sich Ihnen an. Vielleicht haben Sie jemanden, mit dem Sie über das Loslassen und Ihre persönliche Entwicklung offen sprechen können. Dann finden Sie darin Unterstützung.

Die Erinnerung an die Tatsache, dass Sie Vertrauen in die Welt (oder eine höhere Macht) haben, kann Sie auch an Unterstützung erinnern. Auch wenn es in manchen Momenten vielleicht so scheint, als würden Sie allein gegen die ganze Welt ankämpfen müssen, versuchen Sie sich daran zu erinnern, dass es etwas gibt, dem Sie vertrauen können und dass Sie unterstützt.

Eine weitere Möglichkeit ist es, sich ein Vorbild zu suchen. Dieses Vorbild muss keineswegs ein perfekter Mensch sein, der in allen Lebensbereichen Ihrer Vorstellung entspricht. Stattdessen suchen Sie sich einen Menschen, egal ob eine prominente Person, ein Charakter in einem Buch, Film etc., jemand aus Ihrem Freundes- oder Bekanntenkreis oder aus der Familie, der oder die genau das in dem Bereich verkörpert, in dem Sie Loslassen bzw. einen Wandel vollziehen wollen. Der genau das lebt und macht, was Ihr Ziel ist. Wenn Sie keinen Menschen finden, können Sie sich auch einen Menschen in Ihrer Fantasie erstellen und ihn zum Leben erwecken. Sie können dann immer wieder im Alltag innehalten und sich fragen, wie dieser Mensch wohl denken würde und was dieser Mensch macht, um das zu leben, was Ihr Ziel ist, Sie aber noch nicht leben. Sie sollen den Menschen dabei nicht kopieren, aber können sich vielleicht Eigenschaften oder Methoden abgucken, die Sie auch mal ausprobieren. Sie können diesen Menschen im Prinzip als Ideengeber nutzen. Zudem können Sie sich damit selbst motivieren, denn so erkennen Sie an, dass ein Leben, wie Sie es sich vorstellen, oder ein Wandel in einem

Bereich tatsächlich möglich ist. So können Sie dem inneren Zweifler in Ihnen ein Gegenbeispiel bieten und zum Schweigen bringen.

Den Fokus auf die Fortschritte legen

Um Rückschläge förderlich werden zu lassen, indem sie neue Energie und Kraft geben für die Umsetzung und Erreichung des Ziels, sollte man stets den Fokus auf die Fortschritte legen.

Durch die Aufmerksamkeitslenkung auf das Positive im Leben und den Wandel beziehungsweise die Weiterentwicklung werden auf einmal überall im Umfeld Wandel und Veränderungen erkennbar. Der Geist ist in der Lage, das zu erkennen, worauf er sich fokussiert. Sie werden also nicht nur bei sich selbst Fortschritte und Wandel erkennen, sondern auch bei anderen Menschen in Ihrem Umfeld, bei Ihnen unbekannten Menschen sowie im alltäglichen Leben. Vielleicht werden Sie beim Schauen eines Films auf einmal erkennen, wie der Protagonist ebenfalls einen persönlichen Wandel durchläuft und was er loslässt; oder Sie können erkennen, dass Ihre enge Bekannte, die Sie bisher für nicht wandlungsfähig und nur im Alten behaftet gehalten haben, ebenfalls kleine Schritte macht und beginnt, sich anders zu verhalten.

Außerdem werden Sie spüren, dass Sie, wenn Sie gerade das Gefühl eines Rückschlages haben, diesen oftmals spüren, weil Sie einen Schritt vorwärts gemacht haben. Das klingt vielleicht im ersten Moment paradox, wenn Sie dieses Gefühl jedoch einmal erlebt haben und bewusst reflektieren konnten, werden Sie auch den Rückschlägen ihre Kraft zur Veränderung anerkennen. Beispielsweise fühlen Sie sich niedergeschlagen, sind traurig und auch ein wenig wütend auf sich selbst, weil Sie, entgegen Ihres Ziels, Ihre eigenen Bedürfnisse wieder denen Ihres Partners oder Ihrer Partnerin untergeordnet haben. Dabei haben Sie an diesem Nachmittag, wie Sie sich vorgenommen haben, in sich hinein gespürt und immer wieder Ihre Bedürfnisse wahrgenommen. Sie hatten das Gefühl, so viele Informationen durch Ihren Körper und Ihr Herz zu bekommen wie selten zuvor. Sie haben es aber nicht geschafft, den Nachmittag nach diesen Informationen zu gestalten, sondern stattdessen wie geplant den Tag verbracht. Nun können Sie es als Rückschlag sehen, weil Sie sich nicht um sich gesorgt haben. Gleichermaßen könnten Sie es aber auch als großen Fortschritt sehen, denn Sie haben Ihre Bedürfnisse wahrgenommen, sich immer wieder kurze Auszeiten genommen und in sich gespürt und hatten das Gefühl, viele Antworten beziehungsweise Zeichen in Ihrem Inneren zu finden. Sie könnten dankbar sein, eine solch innige Verbindung zu sich selbst gespürt zu haben, auch wenn es Ihnen schwergefallen ist, das direkt umzusetzen. Auch die Umsetzung braucht ihre Zeit und Übung, und Sie können sich in jedem Moment neu entscheiden, sich in der Umsetzung Ihrer eigenen Bedürfnisse zu üben. An diesem Beispiel wird deutlich, dass jeder seine Sichtweise selbst in der Hand hat. Nehmen Sie Rückschläge und die damit einhergehenden Emotionen wahr und versuchen Sie, ihnen dankbar zu sein. Aber spüren Sie auch, welche positive und motivierende Kraft in jedem Rückschlag steckt.

Versuchen Sie, sich ganz allgemein auf das Positive im Leben und in Ihrem Leben und Ihrer Entwicklung zu fokussieren. Betrachten Sie immer wieder das, was Sie bereits geschafft haben. Versuchen Sie, auch die kleinsten Veränderungen zu spüren und zu sehen und betrachten Sie diese wohlwollend und voller Dankbarkeit sich selbst gegenüber.

Erkennen und Erleben Sie die positiven Folgen Ihres Wandels oder Loslassens, und ebenso die schmerzlichen oder unangenehmen Folgen des alten Verhaltens. So können Sie Ihre Fortschritte im Loslassen bewusst spüren und begreifen.

Neue Strategien ausprobieren

Wenn Sie das Gefühl haben, mit Ihrem bisherigen Vorgehen auf der Stelle zu treten und nicht voranzukommen, können Sie jederzeit auch versuchen, neue Wege zu finden. Für das Loslassen und auch das individuelle Wachstum ist es sinnvoll, wenn Sie immer wieder etwas Neues ausprobieren, um an nichts festzuhalten. Das müssen keine großen Veränderungen sein, nehmen Sie eine alltägliche Situation und versuchen Sie einfach, einen anderen Weg zur Lösung zu gehen. Beispielsweise fahren Sie statt mit dem Auto mit dem Fahrrad zur Arbeit. Oder Sie fahren einen anderen Weg. Backen Sie mal ein anderes Kuchenrezept oder probieren ein Gemüse aus, welches Sie bisher noch nicht gegessen haben. Sie merken, eigentlich ist es ganz einfach, neue Dinge im Alltag auszuprobieren. Werden Sie spielerisch, vertrauen Sie Ihrer Intuition und denken Sie an das Sprichwort «Wer nicht wagt, der nicht gewinnt!». Versteifen Sie sich nicht darauf, dass es nur einen Lösungsweg und einen Weg zum Loslassen gibt. Erlauben Sie sich selbst in jeder Situation Flexibilität, es kann sein, dass an einem Tag die eine Methode gut funktioniert und an einem anderen eine andere Methode.

Weitere Tipps für ein erfolgreiches Loslassen

Wenn Sie in diesem Kapitel ankommen und den Ratgeber bis hierhin bewusst gelesen haben, so haben Sie bereits viele Ideen, Tipps und Ratschläge bekommen, um sich im Loslassen zu üben und Ihre eigene Entwicklung anzustoßen. Die nun folgenden Tipps sollten Sie sich trotzdem noch zu Herzen nehmen, um nicht voller Motivation und Erwartungen direkt in Frustration zu verfallen.

Realistische Erwartungen haben

Überlegen Sie sich in Ruhe, was Sie erreichen wollen. Gehen Sie dann auch der Frage nach, woher Ihre Ziele kommen und was Ihnen zugrunde liegt. Anschließend prüfen Sie eingehend, mit welchem Ziel Sie beginnen wollen. Vermutlich ist der Drang groß, sofort alles verändern zu wollen, denn das Lesen eines solchen Ratgebers und die Auseinandersetzung mit dem Thema Loslassen und der persönlichen Weiterentwicklung kann Glücksgefühle und große Motivation in jedem Menschen auslösen. Trotzdem sollte man nicht alles auf einmal loslassen oder verändern wollen. Denn, erinnern Sie sich an den Beginn des Buches zurück, wenn man alles loslässt, was einen ausmacht, was man kennt und denkt, bleibt nichts mehr übrig. Stattdessen ist Leere da, und weder man selbst noch ein anderer weiß, was sich in dieser Leere richtig anfühlt. Versuchen Sie stattdessen mit einer Gemächlichkeit und Ruhe das Loslassen anzugehen und üben Sie sich auch im Prozess des Loslassens in Achtsamkeit und Gelassenheit. Geben Sie sich selbst die Zeit, die Veränderungen einzuüben und zu erlernen und neue Verhaltensmuster aufzubauen. Und geben Sie Ihrem Umfeld die Zeit, sich auf die Veränderungen Ihrer Person und Ihrer Handlungen einzustellen

Erinnern Sie sich auch stets daran, dass Sie zwar in einem gewissen Bereich Ihr Leben verändern wollen, das Leben aber immer noch eine Eigendynamik hat. Werden Sie spielerisch und versuchen Sie, auf die Ereignisse und Situationen in Ihrem Leben spielerisch zu reagieren, anstatt sie zu kontrollieren. Vielleicht kommt nicht immer alles so, wie Sie es sich wünschen oder vorstellen. Aber trotzdem kann es dazu beitragen, dass Sie Ihr Ziel erreichen, vielleicht auch über einen – von Ihnen nicht geplanten – Umweg. Oder Sie spüren auf diesem Umweg, dass Ihr Ziel nicht mehr ganz zu Ihrem neuen Selbst passt und verändern es entsprechend.

Suchen Sie sich Rituale, die Ihnen ein Gefühl der Beständigkeit vermitteln. Etablieren Sie das, was für Sie angenehm ist und Ihnen Sicherheit vermittelt. Das kann äußerst individuell sein – ob es die Tasse Tee am Nachmittag ist, das Schreiben des Tagebuchs oder aber das wöchentliche Bad mit einem guten Buch – machen Sie das, was Ihnen guttut. So kann es Ihnen gelingen, auch in Zeiten des Umbruchs Ihrer eigenen Persönlichkeit eine Stabilität im Leben zu erfahren. Diese ist wichtig, um die Motivation zu erhalten und geduldig zu bleiben.

Geduld haben

Alles braucht seine Zeit. Bedenken Sie, dass auch die Natur nicht vom Winterschlaf in die Blütenfülle des Frühlings oder gar Früchtefülle des Sommers innerhalb eines Tages kommen kann. Das funktioniert nicht. Und es wäre auch nicht erstrebenswert, denn dann gäbe es nur ein Ziel, welches erreicht werden müsste. Und was ist oder kommt danach? Stattdessen gibt es in jeder Sekunde, jeder Minute einen Wandel. Die menschlichen Sinne sind selten so geübt, jeden noch so kleinen Wandel erkennen zu können. Aber wenn man einmal eine Fotoserie gesehen hat, bei der viele Fotos innerhalb weniger Sekunden oder Minuten gemacht wurden und die immer das gleiche Objekt zeigen, kann man den dauerhaften Wandel erkennen, den Fluss des Lebens. Der Mensch erkennt meist nur die Gegensätze, zum Beispiel eine noch geschlossene Blüte und eine bereits geöffnete Blüte. Dass die Blüte sich öffnet, braucht aber auch Zeit, auch die Blüte muss sich in Geduld üben.

Das menschliche Konstrukt der Zeitmessung kann einen Menschen durchaus ungeduldig machen. Da man jederzeit weiß, wie viele Minuten, Stunden, Tage, Wochen, Monate oder gar Jahre man etwas schon macht, bekommt man schnell das Gefühl, es müsse doch jetzt mal eine Veränderung geben. Vor allem, wenn man dann von anderen Menschen hört, die das gleiche erst viel kürzer machen und bei denen sich schon so Vieles geändert hat.

Ein weiterer kleiner Tipp auch an dieser Stelle: Bleiben Sie bei sich, vergleichen Sie sich nicht, sondern behalten Sie den Fokus auf Ihrer Person, Ihren Träumen, Wünschen und Vorstellungen. Auch in der Natur brauchen die Pflanzen unterschiedlich lange, ehe sie eine Blüte bekommen oder Früchte tragen. Vielleicht hat ein Baum bereits seit vielen Jahren Blüten, trägt aber keine Früchte. Daneben ist ein Baum, der in diesem Jahr das erste Mal Blüten hat, und dieser trägt dann auch direkt Früchte. Aber vielleicht sind die Früchte des ersten Baumes grösser und schmackhafter? Versuchen Sie also, die Zeit als relativ zu erachten und die Individualität jedes Menschen und jedes Wesens anzuerkennen.

Wie bereits zuvor beschrieben, brauchen Veränderungen Zeit. Erlauben Sie sich, sich an jeder einzelnen Veränderung, und sei sie noch so klein, zu erfreuen. Genießen Sie das, was Sie bereits erreicht haben, und bleiben Sie geduldig gegenüber dem, was Sie sich noch wünschen. Vertrauen Sie in die Welt oder das Universum, wenn Sie mögen in eine höhere Macht und in die Zeit. Denn es ist stetig Wandel, und wenn Sie beginnen, sich auf den Weg zu machen, werden Sie auch in Ihrem Leben Wandel spüren. Seien Sie aufmerksam für all die Kleinigkeiten, dann werden Sie schnell Wandel erleben.

Wenn Sie sich in Geduld üben, nicht übermütig werden und eine Entwicklung nicht schnell und zwanghaft wollen, sondern sich nach und nach weiterentwickeln, werden Sie sich immer besser selbst kennenlernen. Denn wenn Sie etwas Altes, Liebgewonnenes oder auch nur Akzeptiertes loslassen, können Sie die Leere spüren. Nehmen Sie sich die Zeit, in Ruhe und geduldig zu fühlen, was stattdessen in Ihr Leben kommen soll. Sie werden dann wieder spüren, was sich für Sie richtig anfühlt und womit Sie sich eigentlich (schon immer) unwohl fühlen. So können Sie einen lebenslangen Lern- und Wachstumsprozess anstoßen. Und auch hier wieder: lebenslanges Lernen bedeutet, immer wieder geduldig zu sein, innezuhalten und neu zu spüren und auszuloten, was sich für Sie richtig anfühlt und was Sie loslassen wollen. Machen Sie sich bewusst, dass es nicht das eine Ziel gibt, welches Sie erreichen wollen oder müssen und dann brauchen Sie sich nicht mehr weiterzuentwickeln. Ein persönliches Wachstum endet erst mit dem eigenen Tod.

Sie werden langsam eine Annahme und Liebe Ihrer eigenen Persönlichkeit und Ihres eigenen Körpers entwickeln. Darauffolgend kann sich dann auch eine bedingungslose Liebe anderen Menschen gegenüber einstellen.

Fazit

In diesem Kapitel folgt nun ein kurzes Fazit. Dabei werden nur einzelne Punkte aufgegriffen, aber nicht weiter ausgeführt, da dies vorhergehend bereits ausführlich geschehen ist. Sehen Sie dieses Kapitel als Gedankenstütze an, aber erwarten Sie keine Vollständigkeit. Es kann sein, dass genau der Punkt, der für Sie entscheidend war, hier nicht mehr aufgegriffen wird. Erinnern Sie sich auch daran, dass jeder Mensch seinen individuellen Lebensweg hat und etwas anderes als wichtig, entscheidend und motivierend erlebt. Wir sind alle Individuen und es steht jedem zu, individuell zu sein!

Zusammenfassung der wichtigsten Punkte

Theoretisch gibt es keine Grenzen beim Loslassen. Man kann jegliches menschliches Konstrukt, wie etwa Gedanken, Emotionen, andere Menschen und Beziehungen und auch Gegenstände loslassen. Das Loslassen unterscheidet sich im eigentlichen Sinne auch nicht voneinander, es geht immer darum, sich von etwas zu lösen, etwas nicht mehr festzuhalten. Natürlich unterscheidet sich das Loslassen in der praktischen Umsetzung. Gegenstände können, wie kleine Kinder es oft machen, einfach aus dem Blickfeld geworfen werden und so losgelassen werden. In manchen Städten sieht man dieses Phänomen bei Verschenke-Boxen, in denen all das an Gegenständen an die Straße gestellt wird, was man loslassen möchte. Manchmal kann man innerhalb mehrerer Wochen beobachten, dass es bereits vollkommen losgelassen wurde, und auch wenn niemand mehr etwas mitnimmt, wird nicht mehr dafür gesorgt, die Gegenstände anderweitig wegzugeben oder zu entsorgen. Gedanken und Emotionen oder auch Menschen und Beziehungen kann man natürlich nicht einfach so wegschmeißen. Um diese loszulassen, muss man andere Strategien finden. Oftmals sind die Methoden und Vorgehensweisen äußerst individuell. Es lohnt sich, einen vertrauten Menschen zu finden, mit dem man sich über den eigenen Weg, die Erfahrungen und die Ziele und Vorstellungen austauschen kann. Oftmals bekommt man über ein intensives, tiefgehendes Gespräch sowohl Botschaften aus dem eigenen Herzen als auch von dem vertrauten Menschen.

Eine der wichtigsten Erkenntnisse, nicht nur bezogen auf das Loslassen, ist, dass das Gehirn lebenslang plastisch ist. Das bedeutet, dass man ein Leben lang durch Veränderungen und Lernen das Gehirn formen und verändern kann, sodass neue neuronale Verbindungen entstehen. Wichtig für besonders feste neuronale Verknüpfungen ist die Verbindung des Inhalts mit positiven Emotionen wie Freude, Begeisterung oder Hingabe. Mit dieser Tatsache im Kopf lässt es sich gleich leichter und motivierter lernen.

Zusammenfassend lässt sich zur Thematik des Loslassens sagen, dass weniger mehr ist. Egal in welchem Bereich, ob im materiellen, konsumorientierten Bereich des Lebens, in den gedanklichen und emotionalen Bereichen oder aber im interaktiven, zwischenmenschlichen Kontext: für ein gutes, ausgewogenes Leben zählt Qualität mehr als Quantität. Beispielsweise bringt es nichts, wenn man zehn Jacken besitzt, die kaum Tragekomfort und Wärmewirkung haben und man nur wegen der Schönheit gekauft hat, denn man kann sowieso nur eine Jacke gleichzeitig tragen. Entsprechend mehr hat man davon, wenn man wenige Jacken besitzt, die gut sitzen, angemessen wärmen und die man gerne trägt. Ebenso ist es mit einem großen Freundeskreis. Man kann gar nicht mit allen Freunden gleichzeitig eine intensive Zeit verbringen, stattdessen findet man sich oft in eher oberflächlichen Beziehungen wieder. Wenn man nur wenige, tiefe Freundschaften pflegt, hat man mehr Zeit für den einzelnen Menschen und kann auch intensivere Zeiten zusammen erleben. Es ließen sich noch zahlreiche weitere Beispiele dafür finden.

Auf das Loslassens lässt sich folgendes übertragen: Man sollte regelmäßig prüfen, welche Gedanken, Gegenstände und Menschen oder Beziehungen für eine wirklich wohltuend sind und ein Gefühl des guten Lebens und der Qualität vermitteln. Die Situationen, Umstände etc., die nicht zu einem solchen Gefühl führen, sondern vielleicht eher neutral oder gar zu Stress, Anspannung oder einem Belastungsgefühl führen, sollte man loslassen.

Die Tatsache, dass man im Festhalten nicht das eigene Glück findet, begegnet wohl vielen Menschen unbewusst im alltäglichen Leben. Stattdessen geht es darum, wie man mit der aktuellen Situation umgeht und wie man daran wächst, was man lernt und wie man sich weiterentwickelt. Gelingt es einem, den Fluss des Lebens und die vorübergehende Eigenschaft von allem anzuerkennen, kann man das Leben genießen und sogar in dieser Annahme etwas Dauerhaftes erschaffen.

Loslassen und die Akzeptanz der Vergangenheit und des gegenwärtigen Moments führen so zu mehr Resilienz. Die Psychologie hat gezeigt, dass resiliente Menschen sich ständig bewusst entscheiden, wohin sie ihre Aufmerksamkeit lenken. Die Aufmerksamkeit ist dementsprechend nicht ständig überall, sondern nur dort, wo sie etwas verändern können. Sie akzeptieren, dass es Dinge gibt, die sie nicht verändern können. Somit erkennt und erlebt man Selbstwirksamkeit, übernimmt Verantwortung für sich selbst und sein eigenes Leben. Im Einklang mit dem Lebenszyklus kann es nach den eigenen Vorstellungen gestaltet werden.

Doch so einfach solche Empfehlungen gegeben werden können, so schwierig kann der Prozess des Loslassens für einen Menschen werden. Denn zuallererst muss man sich Mut und Zeit nehmen, um mit sich selbst in Kontakt zu gehen. Dafür ist es notwendig, alle Reize von außen für einige Minuten auszublenden oder abzustellen, denn solange man mit der Wahrnehmung der Außenwelt beschäftigt ist, kann man die Welt in seinem Inneren nicht wahrnehmen. Das kann in der heutigen lauten, komplexen Welt, in der ständige Bereitschaft erwartet wird, schon zu einer Lernaufgabe werden: es auszuhalten, mal nicht rund um die Uhr erreichbar zu sein und sofort auf alles zu reagieren. Und wenn man dann kurz mal Ruhe hat, beginnen die Gedanken meist direkt zu kreisen.

Wenn man es geschafft hat, sich regelmäßig Zeit für sich selbst zu nehmen und auch das Gedankenkarussell sein lässt wie es ist, beginnt man automatisch damit, sich und seine Bedürfnisse besser kennenzulernen. Dann spürt man zunehmend, was man in seinem Leben verändern oder loslassen möchte. Es gibt verschiedenste Möglichkeiten, um mit sich in Kontakt zu kommen. Beispiele dafür sind, wie beschrieben, die Meditation, Achtsamkeitsübungen, Entspannungsübungen oder das Schreiben eines Tagebuchs.

Kurzer Recap zur Umsetzung in der Praxis

Empfehlenswert ist es, sich konkrete Ziele zu setzen, was man Loslassen oder wie man sich weiterentwickeln möchte. Optimalerweise formuliert man diese so konkret, dass man auch feststellen kann, dass man sie erreicht hat. Denn ein Ziel, welches sich nie erreichen lässt, weil es zu allgemein formuliert ist, kann die Motivation schnell beeinträchtigen. Zudem sollte man sich die Zeit nehmen, um ganz bewusst in sich hinein zu spüren und herauszufinden, welches Bedürfnis, welcher Wunsch dem Ziel zugrunde liegt. Gut eignet sich dabei die Frage «Warum?». Diese können Sie mehrfach wiederholen, immer indem Sie die letzte Antwort hinterfragen. Diese Methode kann man an mehreren Tagen wiederholen, und irgendwann, wenn man wirklich ehrlich zu sich selbst ist, wahrscheinlich schon sehr bald, wird man herausfinden, was dem Ziel tatsächlich zugrunde liegt. Dies gibt einem dann deutlich mehr Motivation zum Erreichen des Ziels. Idealerweise sollte ein Ziel immer aus einem selbst herauskommen, also nicht durch die Gesellschaft initiiert sein. Erinnern Sie sich daran, dass jeder Mensch individuell ist und auch individuell leben darf. Üben Sie sich in Wertschätzung und Offenheit sich selbst und anderen gegenüber und versuchen Sie, das ständige Bewerten von Menschen, Situationen,

Lebensumständen und allgemein dem weltlichen Geschehen zu vermeiden.

Wenn Sie sich ein Ziel gesetzt haben, können Sie direkt mit der Umsetzung starten. Seien Sie sich aber sicher: auch wenn Sie sich noch kein Ziel zum Loslassen gesetzt haben und erstmal damit begonnen haben, sich selbst kennenzulernen und herauszufinden, was Sie genau wollen, haben Sie indirekt schon damit begonnen, loszulassen. Denn Sie haben entschieden, etwas von der äußeren Welt draußen zu lassen und nicht mehr in sich aufzunehmen und davon losgelassen, sich selbst nicht wahrzunehmen. Und wenn Sie dann nach und nach herausfinden, was Sie vom Leben wollen und wie Sie leben wollen, geht das Loslassen mutig weiter.

Die wohl prägnanteste Erfahrung ist es, wieder vollkommen im Hier und Jetzt zu sein. Üben Sie sich darin, so oft es geht. Seien Sie bewusst beim Essen, wenn Sie essen, fahren Sie bewusst Auto und gehen Sie bewusst spazieren. Auch das bewusste Zähneputzen kann eine ganz neue Erfahrung sein. Durch das achtsame Erleben des Augenblicks beruhigen sich nach und nach ganz automatisch die Gedanken, und Sie können intensivere Erfahrungen machen, in denen Sie sich selbst und anderen Menschen näherkommen können. Seien Sie ehrlich da, wenn Sie mit anderen Menschen sprechen und interagieren und zeigen Sie sich, ohne eine Rolle einzunehmen. Das ermutigt auch andere Menschen dazu, authentisch zu sein.

Versuchen Sie, sich allgemein eine optimistischere Sicht auf die Welt und auf sich selbst anzugewöhnen. Vertrauen Sie dem Leben und seinem Fluss, und beginnen Sie, sich anzuerkennen, wie Sie sind. Sie können auch positive Selbstgespräche führen und sich so selbst ermutigen. Aber reden Sie nicht alle Ihre Gefühle schön. Das ist eine Verhaltensweise, die immer wieder vorkommt: man lässt die negativen Gefühle wie Wut, Angst oder Trauer nicht zu, sondern berieselt sich sofort mit positiven Affirmationen. Das bringt wenig, denn das unangenehme Gefühl ist trotzdem im Körper. Lassen Sie alle Ihre Gefühle zu und nehmen Sie sie so, wie sie kommen. Jedes Gefühl ist okay! Versuchen Sie, nicht in unangenehmen Gefühlen zu ertrinken.

Ändern Sie Ihren Fokus, um die Fülle und Schönheit des Lebens wahrzunehmen. Es gibt in jedem Augenblick so viele Wunder zu entdecken! Das können Sie üben, indem Sie kurz innezuhalten und überlegen, wofür Sie in gerade diesem Augenblick dankbar sind. Sie können auch jeden Abend mehrere Dinge in Ihrem Tagebuch aufschreiben, für die Sie an dem Tag dankbar sind. Selbst an Tagen, an denen man das Gefühl hat, nur gekämpft zu haben, findet man mit etwas Übung immer etwas, für das man dankbar sein kann.

Wenn Sie beginnen, sich selbst wieder zu lieben und die anderen Menschen wertzuschätzen, ist es möglich, dass in der Welt wieder mehr Zwischenmenschlichkeit, Liebe und Empathie entstehen können. So kann die Welt Stück für Stück wieder friedlicher werden.

Neben all der Motivation und Veränderung darf man nicht vergessen, dass Wiederholungen und Rituale einem das Gefühl von Sicherheit, Halt und Struktur bieten. In einer Welt des Wandels, und auch in einem Prozess der persönlichen

Veränderung, der mit dem Loslassen einhergeht, können Rituale heilsam sein, indem sie einen von Entscheidungen befreien. So kann der Geist entspannen und hat Kapazität für das, was einen Menschen auf andere Weise glücklich macht und zu einem persönlichen guten Leben beiträgt, wie etwa Sport, Hobbies, Entspannung oder Lesen. Vergegenwärtigen Sie sich, dass viele kreative Menschen feste Rituale in ihren Tagesabläufen haben, um so Raum für die schöpferischen Leistungen zu ermöglichen. Zudem helfen selbstgewählte Rituale dabei, sich in seinem eigenen Leben zu verankern und können auch ein Raum sein, sich regelmäßig mit sich selbst zu treffen. Der Inhalt der Wiederholung sollte aber nicht zu eng definiert sein. Stattdessen sollte man davon ausgehen, dass nur der äußere Rahmen festgelegt ist, beispielsweise macht man jeden Abend vor dem Schlafen eine Yin-Yoga-Einheit. Wie das Ritual dann genau passiert, ist jedes Mal einzigartig. Bei dem Beispiel mit dem Yin-Yoga können Sie unterschiedliche Übungen machen, Sie werden jeden Tag Ihren Körper anders spüren und Sie können unterschiedlich lange Einheiten machen. Wichtig ist, dass man offen bleibt für die Veränderungen und sich selbst und gegebenenfalls anderen Personen in Rahmen des Rituals Möglichkeiten zur Entfaltung bietet. Haben Sie stattdessen eine klare, feste Vorstellung, wie genau es abzulaufen hat, können Sie die Kontrolle nicht loslassen und werden vermutlich kaum einen freien, entspannten Geist finden.

Abschließende Gedanken und Ermutigung zum Loslassen

Nun sind Sie hoffentlich gut vorbereitet, um selbst loslassen zu können, vielleicht haben Sie auch parallel schon damit begonnen. Auch wenn zwischendurch Frustration, Entmutigung oder Rückschläge kommen, denken Sie stets daran, was Sie bisher gemeistert haben. Seien Sie stolz auf sich, dass Sie sich auf diesen Weg gemacht haben. Das beweist viel Mut und den Willen zur Veränderung!

Versuchen Sie stets, die Balance zu bewahren. Das Leben ist ein ständiges Austarieren. Glück, Zufriedenheit und Gesundheit sind nur in der Balance möglich. Natürlich ist es schwierig, immer das perfekte Mittelmaß zu leben, nicht zu stressig und nicht zu ruhig, aber wenn Sie sich die Balance merken und versuchen, immer öfter danach zu streben, werden Sie stets einen Schritt in diese Richtung hin machen. Zum Beispiel, indem Sie an einem hektischen Tag in der Mittagspause ganz für sich eine Achtsamkeitspraxis oder Entspannungsübung machen, statt mit den Kollegen Mittagessen zu gehen. Oder auch, indem Sie sich bewusst machen, dass Balance nicht entsteht, wenn man alles, was man bisher festgehalten hat, auf einmal loslässt. Das ist dann wie eine Wippe: der schwere Ballast hat einen bisher unten gehalten und man hat es nicht geschafft, nach oben zu kommen; sobald man den Ballast loslässt, ist man leichter und schnellt nach oben. Nun hängt man oben auf der Wippe fest und kommt nicht mehr herunter. Sie können sich immer wieder an das Bild der Wippe erinnern, und so Ihr Leben versuchen, balancierend zu gestalten.

Erinnern Sie sich, so oft es Ihnen einfällt, in Ihrem stressigen Alltag daran, dass Achtsamkeit und die Anerkennung von Langsamkeit im Leben ein entspannender Faktor sein können. Ohne das Praktizieren von Achtsamkeit, was durchaus sehr alltagstauglich ist und nicht nur wie eine schöne Vorstellung wirkt, ist weder Selbstreflexion noch Loslassen möglich. Innezuhalten, die Stille zu genießen und zu sich selbst zu finden, sollte jeder Mensch in sein alltägliches Leben einbauen. Die komplexe, laute und hektische Welt bringen den Menschen aus dem Gleichgewicht und entfernen ihn von seiner eigenen Persönlichkeit. So wird man von einem Menschen zur Maschine ohne Gefühle, Empathie und Liebe.

Schlusswort

Ich hoffe, Sie hatten beim Lesen meines Ratgebers genau so viel Freude wie ich beim Schreiben. Ich selbst konnte dadurch noch einiges dazulernen – und ich hoffe, beim Lesen ergeht es Ihnen ebenfalls so. Zudem wünsche ich mir, dass Ihnen meine Tipps und Ratschläge sowohl beim Loslassen wie auch bei Ihrer persönlichen Entwicklung eine wertvolle Hilfe sind.

In dem Sinne wünsche Ihnen viel Erfolg und schöne Momente auf der spannenden Reise des Lebens!

Ihr Thomas Findorff

PS: Über Anregungen, Fragen oder Kritik freue ich mich!
Schreiben Sie mir an thomas.findorff@gmail.com

Literaturverzeichnis

Die verwendeten Quellen dieses Ratgebers sind nachfolgend aufgeführt. Sie sind sehr hilfreich und nützliche, falls Sie sich noch eingehender mit dem Thema Loslassen befassen möchten.

Ahnert, L. (2014). *Theorien in der Entwicklungspsychologie.* Springer.

Bensberg, G. & Messer, J. (2013). *Survivalguide Bachelor.* Springer.

Bergomi, C. (2007). *Achtsamkeit, buddhistische Meditation und psychische Gesundheit.* (Lizenziatsarbeit)

Bernstein, D.A. & Borkovec, T.D. (2007). *Entspannungstraining: Handbuch der Progressiven Muskelentspannung nach Jacobson.* Klett-Cotta.

Birgmeier, B. (Hrsg.). (2009). *Coachingwissen. Denn Sie wissen nicht, was sie tun?* VS Verlag für Sozialwissenschaften. Springer.

Brinthaupt, T., Hein, M. & Kramer, T. (2009). The self-talk scale: development, factor analysis, and validation. *Journal of personality assessment, 91*(1), 82-92.

Clark, B. (2018). *Das große Yin-Yoga-Buch.* Trias.

Ellis, A. (1991). The revised ABC's of Rational-Emotive Therapy (RET). *Journal of Rational-Emotive and Cognitive-Behavior Therapy, 9*(3), 139-172.

Ennenbach, M. (2017). *Inspiration in 108 Leitsätzen.* Springer.

Esch, T. (2009). Gesund trotz (und mit!) Musik. Über die Bedeutung von Musik für Motivation, Belohnung und Stressreduktion. *das Orchester 2.09,* 18-19.

Esch, T. (2014). Die neuronale Basis von Meditation und Achtsamkeit. *Sucht, 60(1),* 21-28.

Fischer, K. & Stodulka, T. (2020). Selbstreflexion im Dialog: Zwischen Mode und Methode. *cultura & psyché: Journal of Cultural Psychology.*

Godman, R.S., Walton, K.G., Orme-Johnson, D.W. & Boyer, R. (2003). The Transcendental Meditation program: a consciousness-based developmental technology for rehabilitation and crime prevention. *Journal of Offender Rehabilitation 36*(1-4), 1-34.

Goethe, J. W. v. (1832; Ausgabe von 2012). *Faust: Die Tragödie zweiter Teil.* Phillip Reclam Jun.

Graf, S. (2017). *Die Arbeit mit Glaubenssätzen im NLP-Coaching. Veränderungsprozesse erfolgreich meistern.* Diplomica.

Gredig, A. (2021). *Schreiben mit der Hand: Begriffe – Diskurs – Praktiken.* Frank & Timme.

Greif, S. (2008). *Coaching und ergebnisorientierte Selbstreflexion: Theorie, Forschung und Praxis des Einzel- und Gruppencoachings.* Hogrefe.

Hagelin, J.S., Rainforth, M.V., Cavanaugh, K.L. et al. (1999). Effects of Group Practice of the Transcendental Meditation Program on Preventing Violent Crime in Washington, D.C.: Results of the National Demonstration Project, June-July 1993. *Social Indicators Research 47,* 153-201.

Hanh, T. N. (2002). *Das Wunder der Achtsamkeit: Einführung in die Meditation.* Theseus.

Hartmann, M. (2020). *Vertrauen – Die unsichtbare Macht.* Fischer.

Hatchard, G.D., Deans, A.J., Cavanaugh, K.L. & Orme-Johnson, D.W. (1996). The maharishi effect: A model for social improvement. Time series analysis of a phase transition to reduced crime in Merseyside metropolitan area. *Psychology, Crime & Law 2*:3, 165-174.

Hatzigeorgiadis, A. & Galanis, E. (2017). Self-talk effectiveness and attention. *Psychology, 16,* 138-142.

Heidenreich, T. & Michalak, J. (2003). Achtsamkeit («Mindfulness») als Therapieprinzip in Verhaltenstherapie und Verhaltensmedizin. *Verhaltenstherapie, 13*, 264-274.

Hombach, S. M. (2021, 06. August). *Warum loslassen so schwer ist.* Spektrum. https://www.spektrum.de/news/neuanfaenge-warum-ist-es-so-schwer-loszulassen/1909009

Horn, A. B. & Mehl, M. R. (2004). Expressives Schreiben als Copingtechnik: Ein Überblick über den Stand der Forschung. *Verhaltenstherapie, 14*, 274-283.

Johannsen, J. & Leipoldt, T. (2016) *Handwerkszeug der systemischen Beratung: Das Buch zur Weiterbildung* (2. Aufl.). BoD – Books on Demand.

Kabat-Zinn, J. (1990). *Full catastrophe living: using the wisdom of your body and mind to face stress, pain and illness.* Delacorte Press.

Kabat-Zinn, J. (1994). *Wherever You Go, There You Are: Mindfulness Meditation in Everyday Life.* Hachette Books.

Kraft, U. (2010, 19. Mai). *Neuro-Experiment: Mönche in der Magnetröhre.* Süddeutsche Zeitung. https://www.sueddeutsche.de/wissen/neuro-experiment-moenche-in-der-magnetroehre-1.912829

Kübler-Ross, E. (2014). *Interviews mit Sterbenden.* Kreuz.

Lackner, M. & Huber, M. (2014). *Angst vor Erfolg? Wie Sie aufhören, sich selbst zu sabotieren.* Springer Gabler.

Loslassen. In *Duden.* Abgerufen am 27. Februar, 2023 von https://www.duden.de/rechtschreibung/loslassen

Mahoney, M.J. & Freeman, A. (1985). *Cognition and psychotherapy*. Plenum Press.

Mannschatz, M. (2002). *Lieben und Loslassen.* Theseus-Verlag.

Mavrogiorgou, P. & Juckel, G. (2022). Vergebung und Seelenruhe – ein spirituell-therapeutischer Prozess. *Spiritual Care,* De Gruyter. Verfügbar unter: https://www.degruyter.com/document/doi/10.1515/spircare-2021-0086/html

Moser, J., Dougherty, A., Mattson, W., Katz, B., Moran, T., Gueverra, D., Shablack, H., Ayduk, O., Jonides, J., Berman, M. & Kross, E. (2017). Third-person self-talk facilitates emotion regulation without engaging cognitive control: Converging evidence from ERP and fMRI. *Scientific Reports, 7 (4519).*

Orme-Johnson D.W. & Oates R.M. (2009). A field-theoretic view of consciousness: reply to critics. *Journal of Scientific Exploration 23*(2), 139-166.

Rosa, H. (2019). *Resonanz: Eine Soziologie der Weltbeziehung.* Suhrkamp.

Rosa, H. (2021, 05. November). Achtsamkeit verhindert Empörung: Das stört Hartmut Rosa. *Psychologie Heute, 12/2021.*

Schnell, T. (2018). Einlassen, Zulassen, Loslassen: Über ein konstruktives Leidensverständnis. *Zeitschrift für Palliativmedizin, 19*(05), 249-255.

Sedlmeier, P. (2016). *Die Kraft der Meditation: Was die Wissenschaft darüber weiß.* Rowohlt.

Stahl, S. (2015). *Das Kind in dir muss Heimat finden. Der Schlüssel zur Lösung (fast) aller Probleme* (28. Aufl.). Kailash.

Steffen, A. (2019). *Impulse zur eigenen Veränderung.* Springer.

Utsch, M., Bonelli, R., Pfeifer, S. (2014). *Psychotherapie und Spiritualität: Mit existenziellen Konflikten und Transzendenzfragen professionell umgehen.* Springer.

Van Raalte, J.L., Vincent, A. & Brewer, B.W. (2016). Self-talk: Review and sport-specific model. *Psychology of Sport and Exercise, 22,* 139-148.

Weber, A. M. (2009). Achtsamkeit – ein Begriff zwischen den Welten: Teil Eins – Zur Psychologie buddhistischer Geistesgegenwart. *Transpersonale Psychologie und Psychotherapie, 2,* 71-82.

Weber, A. M. (2010). Achtsamkeit – ein Begriff zwischen den Welten: Teil 2 – Buddhistische Geistesgegenwart in therapeutischer Praxis. *Transpersonale Psychologie und Psychotherapie, 1,* 61-73.

Weber, A. M. (2015). Meditation als eine intelligente Beziehung zum eigenen Geist. *Buddhismus aktuell, 2,* 29-34.

Wilhelm, K. (2011, 24. November). *Schweigen ist Silber, Reden ist Gold.* Spektrum. https://www.spektrum.de/news/schweigen-ist-silber-reden-ist-gold/1130042

Wilhelm, K. (2020). Loslassen können. *Psychologie Heute.*

Wimmers, J. (2020). *Was ist wesentlich?* Springer.

Wittwer, H., Schäfer, D. & Frewer, A. (Hrsg.) (2020). *Handbuch Sterben und Tod. Geschichte – Theorie – Ethik* (2. Aufl.). J.B. Metzler.

Wood, J., Perunovic, W. & Lee, J. (2009). Positive self-statements: Power for some, peril for others. *Psychological Science, 20*(7), 860–866.

World Health Organization, (WHO). (2013). *Europäischer Aktionsplan für psychische Gesundheit.* https://www.euro.who.int/__data/assets/pdf_file/0008/195218/63wd11g_MentalHealth-2.pdf

World Health Organization, (WHO). (2019). *Psychische Gesundheit – Faktenblatt.* https://www.euro.who.int/__data/assets/pdf_file/0006/404853/MNH_FactSheet_DE.pdf

Zemp, M., Bodenmann, G. & Zimmermann, P. (2019). *Außerfamiliäre Betreuung von Kleinkindern: Bindungstheoretische Hinweise für Therapeuten, Pädagogen und Pädiater.* Springer.

Zimmer, P., Oberste, M. & Block, W. (2015). Einfluss von Sport auf das zentrale Nervensystem – Molekulare und zelluläre Wirkmechanismen. *Deutsche Zeitschrift für Sportmedizin, 66 (2),* 42-49.

Rechtliches

Impressum
Herausgeber:
Gerhard Althaus
Alfred-Escher-Strasse 22
8002 Zürich
Schweiz

Printed in Poland
by Amazon Fulfillment
Poland Sp. z o.o., Wrocław

34262630R00081